청년사역

청년사역

지은이 | 양형주
초판 발행 | 2019. 8. 14
3쇄 발행 | 2024. 1. 30
등록번호 | 제1988-000080호
등록된 곳 | 서울특별시 용산구 서빙고로 65길 38
발행처 | 사단법인 두란노서원
영업부 | 2078-3352   FAX | 080-749-3705
출판부 | 2078-3331

책값은 뒤표지에 있습니다.
ISBN 978-89-531-3582-6 03230

독자의 의견을 기다립니다.
tpress@duranno.com   www.duranno.com

두란노서원은 바울 사도가 3차 전도여행 때 에베소에서 성령 받은 제자들을 따로 세워 하나님의 말씀으로 양육하던 장소입니다. 사도행전 19장 8-20절의 정신에 따라 첫째 목회자를 돕는 사역과 평신도를 훈련시키는 사역, 둘째 세계선교(TIM)와 문서선교(단행본·잡지) 사역, 셋째 예수문화 및 경배와 찬양 사역, 그리고 가정·상담 사역 등을 감당하고 있습니다. 1980년 12월 22일에 창립된 두란노서원은 주님 오실 때까지 이 사역들을 계속할 것입니다.

현 장 에 서 분 투 하 는

청 년 사 역 자 를 위 한

청 년 사 역

양형주 지음

두란노

목차 _____ ★

1부   급변하는 청년사역 현장을 점검하다

1장 ____ 청년사역 환경이 바뀌고 있다

2부　청년이 없는
청년부를 세워 가다

3부 공동체 규모에 맞는 사역 패턴이 있다

4부 청년사역자에게 필요한 안목과 자세

청년이 없는 교회는 미래가 없다. 청년사역을 교회의 양적 성장을 위한 도구로 여기는 교회 또한 미래가 없다. 청년사역자를 양성하지 않고 근시안적 처방으로 전문성이 없는 교역자를 청년사역에 섣불리 투입하는 교회도 미래가 없다. 이 책은 청년사역의 현장이 급격하게 냉각되고 있다는 냉엄한 현실 진단에서 청년사역의 활로를 모색한다. 그렇다고 이 책이 청년사역의 비책을 담거나 청년사역의 화려한 성공 간증기를 전하는 것은 아니다.

이 책은 청년이 없는 교회는 미래가 없다는 긴급한 문제의식으로 빈 들에서 청년들을 일깨우는 일선 목회자의 분투 일지다. 청년사역의 냉각 원인을 분석하고 청년사역을 활성화시키는 각론적인 처방까지 제시하는 이 책은 청년 회원의 양적 규모에 상관없이 청년사역을 위해 헌신하려는 동역자들에게 귀한 응원이 될 것이다. 또한 청년사역의 현장에서 나온 청년사역백서 성격의 이 책은 냉각되는 청년사역의 현실 앞에서 고민하는 청년사역자들에게 도전과 격려가 될 것이다.

김회권 숭실대학교 기독교학과 교수

저자가 H대학에서 다양한 사역 할 당시 전임 교목으로 있었기에 그가 어떻게 사역을 기획하고, 진행하고, 만들어 가는지를 가까이서 지켜볼 수 있었다. 그 모습을 보면서 '참 열정적이고 창의적이다'라는 생각을 했는데, 이 책을 통해 그 진면목을 더 확실히 알 수 있었다.

저자는 오랜 시간 동안 다양한 상황에서 청년사역을 했다. 지방과 서울에서, 교회의 청년부와 대학에서, 소규모 청년부와 대규모 청년부에서, 전임 청년사역자와 담임목사로서 청년사역의 현장에 있었다. 특히 저자는 분주한 담임목회를 하면서도 대학에서 학생들을 만나고 일반 동아리를 만들어 청년들을 섬겼다. 그동안 쌓아 올린 풍성한 사역의 경험과 노하우들이 이 책에 고스란히 담겼다.

이 책은 최근 급격한 변화를 겪고 있는 청년사역 현장을 세밀하게 조명한다. 사실 청년사역 위기론은 늘 존재했다. 세속화, 개인주의, 신세대, 포스트모더니즘, 취업난과 극심한 경쟁, 스펙쌓기, 인터넷의 등장과 의존 등이 청년사역 위기의 원인으로 지목되곤 했다. 과거에는 주로 문화적, 사상적 요인이 제시되었는데 최근에는 인구 구조적 요인이 근본적 원인으로 제시되고 있다. 청년사역 현장은 한 번도 경험해 보지 못했던 청년층의 급격한 인구 감소라는 생태계의 근본적 변화를 맞이하고 있는 것이다. 저자는 이 책에서 여러 통계를 분석하여 이 부분에 대한 구체적인 현실을 진단한다. 이외에도 청년사역의 엔진을 식게 만들고 있는 여러 요인을 분석한다.

저자는 청년사역의 성장 엔진을 외부 엔진과 내부 엔진으로 구분하여 제시하면서 청년사역이 성장할 수 있는 구체적이고 실제적인 방안을 자신의 풍성한 사역 경험과 통찰을 통해서 제시하고 있다. 이 책의 독특한 점 중 하나는 청년부의 규모에 따른 사역 방안을 제안하고 있다는 점이다. 저자 스스로 다양한 형태의 청년부에서 사역한 경험을 가지고 있기에 이런 유용한 제안이 가능했던 것으로 보인다. 또한 최신 이론과 경험적 통찰을 통해 만든 청년 공동체의 생애주기와 사역자의 유형 구분, 그리고 공동체와 사역자의 자기 점검 방안 등은 현장에 있는 청년사역자들에게 매우 실제적이고 유용한 안내서가 될 것이다.

청년사역에는 열정과 전문성이 필요하다. 청년들은 청년사역자의 열정과 전문성을 예리하게 판단한다. 이런 때일수록 청년사역자는 현장을 깊이 이해하고 열정과 전문성의 깊이를 더하는 일이 매우 중요하다. 오랜 시간 동안 다양한 청년사역 현장에서 흘린 땀과 통찰, 그리고 연구가 담긴 귀한 책을 청년과 청년사역에 관심을 가진 모든 분들에게 적극 추천한다.

장근성 학원복음화협의회 상임대표

청년부 사역을 위해 새로 부임한 교회에는 청년들이 없었다. 오래전 이단의 침투로 청년부가 공중분해되었기 때문이다. 청년이 없는데 청년사역을 한다니, 어불성설이었다. 그렇다고 두 손 놓고 앉아 있을 수만은 없었다. 그 자리에서 할 수 있는 일들을 찾아야 했다. 방법은 바닥에서부터 다시 시작하는 것뿐이었다.

필자는 그 교회에 부임하기 직전, 평균 출석 1,700여 명에 이르는 초대형 청년부를 맡아 사역했다. 필자를 돕던 부교역자만 열 명이나 되었다. 국내에서도 청년사역으로 손꼽히는 교회 중 하나였다. 그전에는 한 중소도시의 청년부를 맡아 커다란 부흥을 맛보기도 했다. 하지만 이러한 경험들은 청년부 자체가 사라진 당황스러운 현실 앞에서 아무런 도움이 되지 않았다. '청년이 없는 청년부를 위한 청년사역 지침서(?)'는 존재하지도 않았다. 시중에 나온 지침서들은 대부분 1천 명 이상의 대형 교회 청년사역을 위한 것들이었다. 지금도 크게 다르지 않다.

문제는 최근 한국교회가 오랜 정체기를 지나면서 청년부가 없는 교회가 늘고 있다는 것이다. 청년부가 있어도 80-90%는 20명 미만의 소규모다. 현실적으로 대부분의 사역자는 소규모 청년부에서 청년사역을 시작하게 될 가능성이 크다. 그렇다면 소규모 청년부를 위한 사역 지침서가 무엇보다 필요하지 않을까?

물론 청년부가 소규모만 있는 것은 아니다. 30-100명의 중규모, 100-300명의 대규모, 500-2,000명 규모의 초대형 청년부도 있다. 그렇기에 청년사역자는 청년사역의 기본 원리뿐만 아니라 공동체 규모에 맞는 사역 이해가 필요하다. 소규모 청년부에서 하던 것처럼 중대형 규모의 청년부를 이끌다 보면 사역이 버거워진다. 반대로 중대형 규모에서 하던 것처럼 30명 이하의 청년부에서 사역하는 것도 무리다.

어느덧 필자가 청년사역을 해 온 지 20년이 지났다. 돌아보면 하나님이 청년이 한 명도 없는 교회에서부터 2,000명에 이르는 공동체까지 이런저런 모양으로 청년사역을 경험하게 하셨다. 청년이 없는 청년부에도 청년사역자로 불러 주시지 않았나! 그때가 아니었으면 청년사역을 바닥에서부터 다시 시작하는 방법을 배울 기회가 없었을 것이다. 그때 시작한 청년부는 건강하게 잘 성장하여 어느덧 꽤 규모를 갖춘 중대형 공동체가 되었다. 이 시간을 통해 하나님은 청년 공동체가 규모별로 어떤 구조적인 특징을 갖게 되고, 그에 따라 사역에는 어떤 변화가 필요한지에 대한 통찰을 얻게 하셨다.

청년사역은 자동차가 잘 달리기 위한 과정과 유사하다. 자동차가 멈춰 있을 때는 시동을 걸어 엔진을 점화시켜 움직이게 해야 한다. 엔진이 돌아가면 기어를 저단으로 넣어 서서히 출발하도록 해야 한다. 마찬가지로 청년사역이 멈춰 있을 때 엔진을 돌려 앞으로 나아가야 한다. 하지만 언제까지 저단으로만 달릴 수 없다. 그러면 에너지만 많이 들고 엔진에 무리가 간다. 사역에 가속도가 붙고 공동체가 성장할수록 새로운 공동체의 규모와 구조에 따른 사역의 기어 변속이 필요하다. 그리고 각 기어 변속의 시점마다 어떤 부분에 주의를 기울이고 역량을 쏟아부을지에 대한 지침과 준비가 필요하다.

그렇게 현장에서 배운 것들을 《청년사역》에 정리했다. 이 지침서는 다양한 청년사역 현장에 있는 사역자들의 필요에 부응하도록 구성했다. 《청년사역》은 청년사역 전반에 대한 거시적인 이해뿐만 아니라, 청년사역의 원리, 그리고 사역자가 처한 개별적인 현장에 대한 각론적인 설명들도 함께 담았다.

이 책은 크게 4부로 나뉜다. 1부는 급변하는 청년사역의 현장을 점검한다. 사역의 대상인 청년 세대는 어떤 특징을 지니고 있고, 어떤 변화를 거쳐서 그러한 특징이 형성되었는지를 다룬다. 또한 청년사역 엔진을 가동하기 위해 필요한 대내외 요인들을 전반적으로 점검한다. 즉 청년 공동체가 성장하기 위해 좋은 여건은 무엇이고, 어떤 원리들이 필요한지를 살핀다.

2부는 청년이 없는 청년부를 세워 가는, 청년사역 개척에 관한 부분을 다룬다. 청년사역을 새롭게 시작할 때 고려해야 할 점들은 무엇이고, 정지한 청년사역 엔진에 본격적으로 불을 붙여 시동을 거는 작업은 어떻게 진행되며, 어떻게 공동체를 형성해 나가야 할지 알아본다.

3부는 다양한 현장에서 청년사역을 하고 있는 청년사역자를 위한 대응 매뉴얼이다. 공동체의 규모를 크게 30명 미만의 소규모 공동체, 30-100명의 중규모 공동체, 100-300명의 대규모 공동체, 500-2,000명의 초대형 공동체로 분류하여 규모별로 어떤 사역에 역점을 두어야 하는지, 필요한 사역의 원리와 실제들을 다룬다.

4부에서는 청년사역자가 갖추어야 할 청년 공동체 전체에 대한 거시적 안목을 제공한다. 먼저 청년 공동체는 어떤 생애주기 과정을 거쳐 성장과 침체를 겪는지를 살핀 후 각 과정이 전개될 때 필요한 사역자의 리더십은 무엇인지, 어떤 부분이 강조되어야 하는지를 다룬다. 이를 통해 청년사역자는 청년사역을 위한 장기적인 안목을 갖고 각 시기에 맞는 적절한 리더십을 발휘하는 데 도움을 얻을 것이다. 부디 이 책이 청년들을 사랑하고 한국교회의 청년 공동체를 섬기는 청년사역자들에게 조금이나마 도움이 되길 바란다.

이 책이 나오기까지 감사한 이들이 많다. 필자를 위해 늘 묵묵히 기도하며 내조하는 사랑하는 아내에게 감사하다. 다양한 청년 사역 현장에서 함께 울고 웃었던 소중한 청년들과, 부족한 필자를 위해 늘 중보하고 응원하는 대전도안교회 성도들에게도 감사하다. 이들은 그리스도의 몸을 세워 가기 위해 함께 분투하며 천국을 이루어 가는 소중한 지체들이다.

　무엇보다 필자의 걸음걸음을 세밀하고도 놀랍게 인도하시는 하나님께 모든 영광을 돌린다.

2019년 8월

양형주

1부

급변하는 청년사역 현장을 점검하다

1장

청년사역 환경이
바뀌고 있다

요즘 곳곳에서 청년사역의 위기를 말한다. 그도 그럴 것이 대외적인 환경이 녹록지 않기 때문이다. 청년 세대 인구가 줄어드는 데다가, 몇몇 대형 교회의 이미지 실추는 젊은 세대에게 신앙생활의 동기를 부여하는 데 악영향을 끼친다. 이런 대외적 환경이 약화되는 가운데, 내부적 환경도 만만하지 않다. 세대의 급격한 변화로 청년들의 성향이 예전과는 다르고, 그러다 보니 이들을 결집시키는 공동체성도 많이 약화되었다. 이런 상황에서 교회가 청년 세대를 맞을 준비를 제대로 하지 못하면 앞으로 다가오는 청년사역에 몰아닥칠 위기와 변화의 파도들을 제대로 넘어가기 어려워질 것이다.

____ 갈수록 청년을 만나기 힘들어진다

청년사역의 가장 큰 위기는 외적인 환경, 곧 청년 세대 인구의 감소와 직결되어 있다. 한국의 출생아 수 추이를 보면 1980년대 중반 이후 60-70만 명을 유지하다가, 2000년 63만 4,501명의 '밀레니엄 베이비'가 태어난 이후 급속히 줄어들었다. 2001년에 55만 4,895명으로 줄더니 이듬해인 2002년에는 49만 2,111명으로 급감했다.[1]

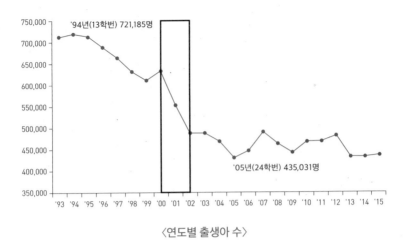

'94년(13학번) 721,185명

'05년(24학번) 435,031명

〈연도별 출생아 수〉

2001년생이 대학에 들어가는 시기가 2020년부터다. 이때가 되면 대학 모집정원 대비 입학 지원자 수가 부족한 현상이 생길 것으로 예상된다. 정원은 48만 5,318명인데, 입학 지원자는 47-50만 명이 될 것으로 추산된다. 이마저도 다음 해인 2021년에는 약 5만 명이 감소하여 42-44만 명 정도로 급감한다. 이때가 되면 국내 대학은 모집 정원의 67%만 채울 수 있게 되는데, 이는 단순 계산으로 보면 4년제 대학 197개 중 60개 정도는 신입생을 단 한 명도 받지 못하게 되는 셈이다.[2]

문제는 이것으로 그치지 않는다. 출생 인구는 꾸준하게 감소하여 2013년부터는 45만 명 아래를 밑돌기 시작했고, 이것이 4년간 지속되다가 2016년에는 40만 6,243명을 끝으로 30만 명대로 추락했다. 2017년은 35만 7,771명, 2018년은 32만 명으로 추산된다.[3] 이런 급격한 감소 추이로 볼 때 2019년 출생부터는 20만 명대로 진입할 것으로 보인다.

이것을 통계청이 발표한 합계출산율(여자 1명의 가임 기간 평균 출생아 수)로 따지면 1970년대에는 4.53명이었던 것이 1980년 중반에 들어 2명 이하로, 2017년에는 1.05명으로, 급기야 2018년에는 1명 이하로 떨어졌다.

이런 식으로 진행되다 보면 약 20년 후에는 청년 인구가 거의 3분의 1로 급감하게 된다. 그렇게 되면 대학의 절반이 문을 닫는 상황이 올 수 있다. 대학이 문을 닫는 도시는 유령화 도시로 폐허처럼 변할 가능성이 크다.

이런 피해는 서울, 경기 지역보다는 지방 도시에 큰 타격을 입힌다. 현재 우리나라 대학의 37%는 수도권에, 63%는 지방에 있다. 그중 절반이 사라진다면 일부 특수한 대학을 제외하고는 지방 대학 대부분은 문을 닫는 상황이 벌어질 가능성이 크다.

이러한 인구 변화는 장차 우리나라에 청년사역 지형도의 대격변을 초래할 것이다. 지방 도시 교회의 청년사역은 일부 광역시를 제외하고는 대부분 큰 타격을 받을 것이다. 이것은 수도권과 서울시의 교회들에도 영향을 끼칠 것이다. 일단 수도권의 교회들도 인구 감소의 영향으로 청년 세대가 급감할 것이다.

감소하는 청년 인구를 채우려면 지방에서 대학을 다니기 위해 올라온 청년들을 받아들여야 하는데, 교회에 청년들을 받아들일 내부 엔진을 잘 갖추지 않고는 이들을 수용하기가 결코 쉽지 않다. 결국 청년사역 엔진을 잘 준비한 일부 교회에 청년들이 몰려들고 이런 교회가 청년사역의 명맥을 그나마 유지할 가능성이 크다.

청년사역의 급변하는 환경이 앞으로 3-5년 안에 전반적인 큰 충격으로 다가올 것이다. 지금부터 청년사역의 엔진을 점검하고 준비하지 않고는 청년사역은 휘청거릴 것이고, 이 여파로 10-20년 후에는 한국교회 전반에 다음 세대의 고리가 끊어지는 결과를 낳을 것이다.

평균 수명이 길어지면서 아직까지 우리나라 인구는 조금씩 늘어나고 있다. 가시적으로는 큰 변화가 없는 것 같다. 하지만 이미 변화는 시작되었다. 전문가들은 생산 가능 인구는 2017년부터 감소하기 시작했고, 2020년대에는 한 해 평균 34만 명씩, 2030년대에는 한 해 평균 44만 명씩 감소할 것으로 내다본다.[4] 그리고 우리나라 인구도 서서히 줄어들기 시작해 2017년 5,147만 명이던 인구는 100년 안에 2,581만 명으로 60% 이상 줄어들 것으로 예상한다.[5]

_____ 다른 세상에서 온 요즘 청년들

청년사역의 위기는 외적인 요인뿐만 아니라 청년 세대의 급격한 변화로 인한 내부 요인에서도 찾을 수 있다. 오늘날 청년 세대의 성향을 이해하기 위해서는 우리 사회의 세대 변화를 살펴볼 필요가 있다. 각 세대는 각각의 단계를 거치며 의식과 세계관에 큰 변화를 거쳤다. 세대 변화는 대략적으로 5단계로 나눌 수 있다.[6]

첫째, 1955-60년에 태어난 베이비부머 세대다. 이들은 한국전쟁 후 태어난 세대로 우리나라 경제 성장의 주역이다. 대학에 많이 들어갔던 최초의 고학력 세대이기도 하다.

둘째, 1960년대생인 386세대다. 이들은 5·18 민주화 운동을 경험하고, 6·10 항쟁 등에 주도적으로 나섰던 민주화의 주역이다. 경제 성장과 더불어 대학 졸업 후에도 곳곳에 취업하여 산업의 역군이 되었다.

셋째, X세대로 일컫는 1970년대생이다. 이들은 어린 시절 산업화의 결실을 경험하며 풍요로운 소비사회를 만끽했으며 본격적으로 PC가 등장하여 이를 활용하기 시작했다. 이들은 기존의 가치나 관습을 거부하고 자신만의 개성을 중시했다.

넷째, 밀레니엄 세대 또는 Y세대로도 일컫는 1981-2000년 세대다. 이들은 97년 외환위기, 2002년 월드컵, 2007년 금융위기를 경험한 세대다. 인터넷과 미디어를 활용하고, "한 번 뿐인 네 인생을 살라"며 현재를 중시하는 욜로(YOLO), 일과 삶의 균형을 추구하는 '워라밸', 가성비를 넘어 마음의 만족도를 따지는 '가심비'가 중요한 삶의 가치로 자리잡은 세대이기도 하다.

다섯째, 2000년 이후 출생한 '밀레니엄 키드'라고 불리는 Z세대로 2020년 이후 본격적으로 사회에 진출할 세대다. 이들은 어릴 때부터 PC보다는 스마트폰에 익숙해 '모바일 원주민' 혹은 '디지털 네이티브'라고도 부른다.[7] 한 기업 연구소의 Z세대 보고서에 따르면 Z세대 설문응답자의 74%가 여가시간으로 온라인

활동을 한다고 답했다.[8] 특히 유튜브에 많은 영향을 받는다.

현재 청년사역자가 상대하는 청년 세대는 Y세대와 Z세대다. Y세대는 사회생활을 하는 청년들이 주가 될 것이고, Z세대는 대학생들이 주가 될 것이다. 물론 시간이 지나면 점차 Z세대가 주가 될 것이다. 그렇기에 앞으로의 청년사역의 성패는 Z세대를 얼마나 이해하고 이들에게 효과적으로 다가가느냐에 달려 있을 것이다.

앞서 보았듯이 Z세대를 이해하기 위해 모바일을 이해하는 것은 필수다. 특히 스마트폰을 이해하는 것이 중요하다. 스마트폰은 개인성이 강한 도구다. 이들은 스마트폰으로 거의 모든 인터넷 사이트나 다양한 계정으로 SNS에 접속한다. 캠퍼스에서도 많은 학생이 수업이 끝나면 과제를 위해 친구들을 만나는 것을 제외하고는 가급적 남은 시간에 유튜브를 시청하거나 게임을 하며 자기만의 세계에 빠져든다. 그러다 보니 서로 간에 관계를 맺는 것을 부담스러워하는 이들이 많다.

사람과의 면대면 접촉을 거부하고 자기만의 세계에 빠져드는 세대를 '언택트(untact) 세대'라고 한다.[9] 과학기술의 발전으로 언택트 기술이 비약적으로 발전하고 있다. 이제는 식당에 가서도 기계로 주문을 하고, 쇼핑도 인터넷을 선호한다. 이처럼 굳이 얼굴을 대면하지 않고도 저마다 즐겁게 시간을 보낼 수 있는 것들이 즐비한 상황에서 공동체 생활은 청년들의 관심 밖의 영역이 된다. 현대 문명의 이기(利器)가 공동체에서 개인으로 관심사를 바꾸고, 관계성을 약화시킨다.

뿐만 아니라 Z세대의 활동은 한곳에 오래 머무르지 않는다. 온라인에 능하다 보니 텍스트보다 이미지와 영상에 익숙하고 자신의 관심을 끄는 대상이 없으면 곧바로 지나친다. 자아 활동의 효율성을 위해 불필요한 에너지와 시간 투자를 꺼리는 것이다. 그렇다 보니 공동체에 오래 머물고 헌신하기를 부담스러워한다. 조금이라도 자기에게 불필요한 활동이다 싶으면 곧바로 떠난다.

이러한 청년 세대의 변화는 분명 위기이지만, 한편으로 새로운 기회가 될 수 있다. 자기만의 세계에 깊이 빠져들다 보면 외로움과 우울함을 느끼기 쉽고 누군가 자신을 따스하게 맞이해 줄 공동체를 그리워하게 될 것이다. 그런 점에서 청년들에게 익숙한 SNS와 유튜브 등을 통한 접촉점을 고민해 볼 필요가 있다. 또한 건강한 관계성과 수용성을 바탕으로 환대하는 공동체를 형성해 갈 필요가 있다.

___ 나 하나 챙기기도 바쁜 현실

어려운 상황으로 취업, 결혼 등 많은 것을 포기하는 N포 세대가 늘어 가고 있다. 특히 2017년 통계청이 발표한 자료에 따르면 우리나라 청년실업률은 9.9%, 체감실업률은 22.7%라고 한다. 이것이 2018년에는 각각 11.6%, 24%로 올라갔다.[10] 갈수록 최고치를 갱신한다.

문제는 이런 진로나 취업과 같은 문제로 청년들의 공동체 활동과 사역이 위축된다는 것이다. 청어람아카데미가 조사한 한 설문 조사에 따르면 청년들이 교회를 떠나는 가장 큰 이유가 진로와 취업 문제이며, 청년들의 가장 큰 고민 또한 진로와 적성 문제였다.[11] 안타까운 것은 이러한 고민과 문제에 대해 청년들은 교회가 제대로 응답하지 못한다고 느낀다는 점이다.[12] 이것이 또한 청년들이 교회를 떠나는 주요한 이유다.

이러한 상황에서 청년들은 예배의 자리를 찾아온다 하더라도 숨고 싶어 하는 경향이 많다. 아직은 취업을 준비할 때지, 공동체에 들어가 시간을 빼앗길 여유가 없다고 생각한다. 문제는 취업이 만만치 않기에 준비하는 기간이 몇 년간 계속해서 길어진다는 사실이다.

또한 이들 중에는 아직 일자리도 잡지 못하고, 제대로 진로가 결정되지도 않은 상태에서 낮은 자존감으로 공동체에 들어가는 것을 힘들어하는 사람들도 있다. 설사 들어간다 하더라도 작은 일에 상처받고 공동체를 떠나는 경우가 점점 많아진다. 누군가가 시험에 합격했고, 취업에 합격했다는 사실만으로도 공동체를 떠날 이유가 된다.

청년들에게는 많은 위로와 공감이 필요하다. 최근 백세희 작가의 《죽고 싶지만 떡볶이는 먹고 싶어》(흔, 2018)라는 책이 큰 인기를 끌었다.[13] 자존감의 문제로 고생하며 씨름하는 20대 후반 여성이 정신과 의사에게 내면의 문제를 터놓고 상담하는 이야기를 담은 책이다. 이 책이 나온 지 얼마 되지 않아 순식간에 베스트셀러가 된 이유는 주인공과 같은 자존감의 문제와 우울감으로 고생하던 수많은 청년 세대가 크게 공감했기 때문이다.

교회는 청년들의 어려운 환경을 공감해 주어야 한다. 더 나아가 이런 가운데서도 이들이 붙들 수 있는 희망이 무엇인가를 복음 안에서 보여 줄 수 있어야 한다. 그렇지 않고는 갈수록 무기력과 좌절을 경험하는 청년 세대를 끌어안을 수 없다.

_____ 그들은 왜 교회를 외면하는가

언론에 종종 터져 나오는 대형 교회의 재정 비리와 성적 스캔들은 청년들에게 교회에 대한 상당히 부정적인 이미지를 준다. 대형 교회나 유명 목회자의 스캔들이 터지면 해당 교회만이 아니라 일반 교회들에도 피해를 남긴다.

이런 사건들이 터질 때 청년들은 언론이 제공하는 색안경을 끼고 교회 전체를 일종의 힘과 돈이 있는 권력 집단으로 본다. 교회는 힘 있는 자의 편에 선 배부른 기득권 세력이지, 가난하고 소외된 사람들과 함께하는 벗이 아닌 것이다.

이런 생각은 종교에 대한 선호도에도 나타나는데, 한국갤럽에서 2015년 발표한 비종교인들의 종교 선호도에서 기독교는 가장 선호하지 않는 종교로 나타났다. 2004년 조사에는 불교 37%, 천주교 17%, 기독교 12%였고, 2014년 조사에는 불교 25%, 천주교 18%, 기독교 10%로 나타났다.[14]

대형 교회의 스캔들과 비리가 기사화되어 터져 나올 때마다 대형 교회 청년부의 규모가 급속도로 감소하곤 한다. 이런 면에서 청년사역이 안정적으로 일어나려면 교회의 정치적 안정성이 중요한 토대로 작용한다. 교회 내에서 일어나는 당회와의 갈등 및 담임목사의 재정 비리 및 스캔들 등은 일부 침투한 이단 단체의 비방과 험담으로 더욱 크게 증폭되어 청년들의 마음을 꺾는다.

_____ 이단의 집요한 공격

2017년 학원복음화협의회가 시행한 대학생 생활 및 의식 조사 분석에 따르면, 캠퍼스 생활을 하면서 이단에 접촉했던 경험을 한 학생이 무려 58.3%나 된다고 한다. 이 중에서 10.8%의 학생은 실제로 이단에서 활동했거나 교육받은 경험이 있다고까지 했다.[15] 이 말은 그만큼 이단이 젊은 세대를 포교 대상으로 활동을 왕성하게 한다는 것을 보여 준다.

어떤 이단의 경우 대략 40% 이상이 20-30대 청년이다. 왜 그런가? 이단은 처음부터 시간이 많고 열정적으로 헌신할 수 있는 대상을 선별하여 접근하기 때문이다. 이렇게 볼 때 대학생은 이단들에게도 단체를 견고하게 세울 수 있는 황금어장이다.

이단은 처음부터 대놓고 활동하지 않는다. 대신 교묘하게 한국 교회를 비방한다. 대부분의 정통 교단이 가입되어 있지 않은 한국기독교총연합회를 향하여 '한기총 OUT!'이란 공허한 구호를 외치며 지속적으로 교회의 이미지를 훼손하며 전도한다.

이러한 이단들의 열정적 전도는 분명 한국교회 청년사역 엔진의 한 축을 훼손하고 있다. 우리는 좀 더 깨어 있어야 하고 이단에 대해 연대하여 보다 강력하게 대처할 필요가 있다.

이처럼 급변하는 현장 속에서 청년사역자들은 청년들에게 다가갈 전략과 방법을 고민해야 한다. 청년예배는 어떻게 기획해야 할까? 성경 읽기와 기도는 어떻게 훈련해야 할까? 청년 세대의 선교는 어떻게 변화되어야 할까? 전도와 양육은 어떻게 이루어져야 할까? 청년들의 정체성에 어떤 도전을 주어야 할까? 정체된 환경에서 나아가기 위한 구체적인 대안이 필요하다.

2장

청년부가 성장하는
외부 엔진은 무엇인가

청년사역의 위기 속에서도 유난히 청년사역이 활발한 교회가 있다. 과연 무엇이 그 교회의 청년사역을 성장시키는 것일까? 사역자의 뛰어난 영성인가, 아니면 지역적인 요인인가? 물론 이러한 부분들도 청년사역에서 아주 중요하다. 하지만 단순히 몇 가지 요인만으로 청년사역의 활성화를 이야기하기는 어렵다. 여기에는 여러 가지 요인이 복합적으로 작용한다.

청년사역의 성장 엔진은 크게 두 가지로 나뉘는데, 첫째는 외부 요인에 의한 성장이고, 둘째는 내부 요인에 의한 성장이다. 먼저 청년사역을 성장시키는 외부 엔진을 살펴보자.

____ 그곳에는 청년이 몰려든다

청년사역은 지역에 따른 편차가 크다. 청년들이 몰리는 지역에서 성장할 가능성이 큰 반면, 청년들이 빠져나가는 지역에서는 감소할 수밖에 없다. 그렇다면 청년들이 몰리는 지역은 어떤 지역인가?

첫째, 대학교가 있는 지역이다. 대학교에서는 적어도 수천 명의 학생들이 공부를 하기에, 그 주변에는 청년들이 몰리는 교회들이 꽤 있다. 그런데 대학이 있는 지역이라고 다 같지 않다. 여기에도 차이가 있다. 연구 중심 대학들은 여러 가지 연구 프로젝트와 활동들이 많아 방학 중에도 늘 학생들로 붐빈다. 이들은 수년씩 계속되는 학위 과정이 끝날 때까지 학교 주변에 머물 가능성이 크다. 그래서 이런 대학 주변에 위치한 교회는 늘 젊은이로 가득하다. 대학원생, 특히 박사급 인력들도 많다. 실제로 연구 중심의 학교인 K대학교 바로 옆에 위치한 교회는 언제나 수백 명이 넘는 청년들이 모인다. 반면 학부 중심 대학이나 대도심에서 떨어져 있어서 통학버스가 운영되는 대학가 주변은 청년사역의 기복이 심하다. 학기 중에는 청년사역이 활기찼다가도 방학이 되면 학생들이 썰물처럼 빠져나간다. 이런 지역 교회의 청년부는 방학을 견디는 것이 어렵다.

둘째, 일자리가 있는 지역이다. 특히 대기업이 들어와 있는 도심 지역은 그 주변으로 협력 업체들도 들어오기에 일자리를 찾는 젊은이들로 가득하다. 공기업이나 국책 연구소, 또는 기업 연구소들이 있는 지역에도 젊은이들이 있다. 일자리를 따라 이곳으로 온 청년 중에 신앙에 열정이 있는 이들은 그 주변 지역 교회를 탐색한다.

셋째, 기회가 많은 대도시 지역이다. 대도시 지역은 유동인구가 많고, 경제, 사회, 문화, 예술, 과학, 기술 등 전반적인 영역에서 일자리와 만남, 배움의 기회가 많다. 젊은이들은 중소도시보다는 광역시, 광역시보다는 수도권과 특별시에 더 많은 기회를 찾으려 몰려든다.

2012년 기준 2030 세대는 총인구의 38.8%를 차지했다.[16] 그중 서울(41.6%), 인천(40.6%), 광주(41.8%), 대전(41.4%), 울산(40.5%), 경기(41.1%)와 같은 지역은 청년 세대가 인구의 40%를 넘게 차지하고 있다. 반면, 전북(34.4%), 전남(31.3%), 경북(34%)과 같은 지역은 30%

초반대를 기록했다. 20% 초반대를 기록한 곳도 있는데, 경남(21.6%), 제주(22.5%)와 같은 지역이다. 이러한 현상은 앞에서 말한 것처럼 대학 및 교육기관, 일자리의 영향이 크다.

과거 섬기던 교회에서 청년 1,200여 명을 대상으로 설문조사를 한 적이 있다. 그 교회는 서울 이문동의 경희대학교와 한국외국어대학교 사이에 위치한 대형 교회였다. 그때 놀라운 사실을 알았다. 청년 중 상당수가 지방에서 올라와 학교를 다니고 있었고, 신앙생활을 열심히 하는 부모님을 두고 있다는 것이었다. 또한 70%가 넘는 청년이 중고등부 시절 학생회나 지역 교회 임원을 해 본 경험이 있었다는 것이다. 수도권의 교회가 어떻게 지역 교회의 청년들을 빨아들이고 있는지를 보여 주는 단적인 예라고 할 수 있다.

이처럼 과거나 지금이나 새로운 기회를 찾아 나서는 청년들은 대도시를 중심으로 모이게 되고, 이는 청년사역의 불균형을 초래한다. 중소도시와 광역시, 광역시와 서울 간의 도시 기능의 불균형은 청년사역의 현장에도 고스란히 반영된다.

주목할 것은 총인구의 38%에 해당하는 젊은이들 중에 신앙생활에 관심을 갖지 않는 이들이 점점 늘어난다는 사실이다. 2015년 통계청의 개신교 인구 조사를 보면 20대 중 종교가 없다고 응답한 이들이 64.9%나 있었다.[17] 10대도 62.0%로 만만치 않았다. 이는 미래의 청년사역에 커다란 도전이자 기회다.

_____ 교회를 주목해야 하는 이유

청년사역은 그 배후에 교회의 후원과 가용 자원이 있을 때 더욱 힘 있게 성장할 수 있다. 특히 일정 규모 이상의 성장하는 장년사역이 있을 때 청년사역 역시 성장한다. 그렇다면 성장하는 장년사역이 있는 교회는 어떤 외적 특징이 있을까?

첫째, 성장하는 교회는 대부분 성장하는 지역이나 인구가 밀집한 지역에 위치해 있다. 리더십네트워크와 하트포드종교연구소가 발표한 '전 세계 대형 교회(출석교인 2,000명 이상) 현황'을 보면 이것이 잘 드러난다.[18] 조사에서 서울(17개)은 미국의 휴스턴(38개), 댈러스(19개)에 이어 대형 교회가 많은 도시 3위를 차지했다. 이러한 결과가 나온 이유는 그만큼 서울의 도시 규모가 크기 때문이다. 서울시 인구는 2015년 기준으로 986만 명으로, 이는 부산의 세 배에 달한다. 그중 기독교인의 비율은 약 24.2%인 238만 명이다.

한 조사에 따르면 서울에서 대형 교회에 다니는 교인 수는 82만 5,000명으로 추산된다.[19] 그렇다면 서울에서 대형 교회에 다니는 교인의 비율은 약 35% 정도가 된다. 열 명 중 서너 명은 대형 교회에 다니는 것이다.

둘째, 성장하는 교회는 대부분 잘 알려져 있고 평판이 좋다. 청년들이 학업과 일자리의 기회를 따라 이동할 때는 아무래도 평판이 좋은 교회를 찾기 마련이다. 또한 청년들이 새로운 지역의 교회를 찾을 때 염려하는 요소 중 하나는 이단이다. 따라서 청년들은 가능한 신뢰할 만한 교단에 속한 대형 교회를 찾는 성향이 있다.

셋째, 성장하는 교회는 미디어의 노출이 잦다. TV 방송, 신문과 같은 매체에 쉽게 노출되어 있는 것이다. 미디어에 노출이 잦은 교회는 그만큼 잘 알려져 있다는 것이고, 평판이 좋다는 것이기 때문에 이는 안전한 교회를 찾는 청년들이 교회를 선택하는 중요한 요소가 된다.

넷째, 성장하는 교회는 지역사회에서도 칭찬하는 교회다. 외부에서 평판이 좋고 잘 알려져도 그 지역사회와 사이가 좋지 않으면 어려움이 있다. 반면 외부에 많이 알려지지 않았어도 지역사회에서 칭찬을 받는 교회는 차츰 많은 사람이 모여든다. 이런 교회는 그 지역의 주민들이 외지인들에게 교회를 소개할 때 우선순위에 오른다.

다섯째, 성장하는 교회는 만남의 기회가 많다. 어느 정도 규모 이상의 장년부가 있는 교회는 자연스럽게 그 자녀들이 어우러지게 되고, 그러면 만남의 기회도 늘어난다. 청년들은 이왕이면 젊은이들이 많이 모이는 일정 규모 이상의 청년부와 장년부가 있는 교회를 더 선호하는 경향이 있다.

여섯째, 성장하는 교회에는 청년사역을 위한 가용 자원이 많다. 청년사역은 어느 정도 궤도에 오르기까지 인적, 물적, 공간적, 재정적 지원이 필요하다. 이것들이 든든하게 뒷받침되면 청년사역을 일으키는 데 큰 힘이 된다. 일례로 원주제일감리교회의 청년부는 5년 만에 출석성도 30명에서 250명으로 성장했다.[20] 여기에는 청년사역자의 탁월함이 있었지만, 그 배후에는 1천여 명의 장년들이 모이는, 100년 넘는 역사 위에 세워진 좋은 교회가 있었다.

____ 담임목사를 중심으로 움직여라

청년사역은 담임목사의 영향력에 민감하다. 청년사역이 활발한 교회에는 끊임없이 성장하는 담임목사가 있다. 교회를 부흥시키고 성장시킨 담임목사의 영향력이 청년부에도 자연스럽게 흘러가는 경우가 많다. 반면, 담임목사가 부정적인 영향력을 흘려보낼 때 청년들은 유달리 민감하게 반응한다.

이따금씩 자신의 힘과 역량으로 청년부를 일으키겠다고 의지를 불태우는 청년사역자가 있다. 그러나 이것은 청년사역을 넓게 보지 못하기 때문이다. 청년부가 성장하려면 담임목사가 먼저 성장하는 장년사역의 토양을 만들어야 한다. 그리고 청년들이 마음껏 달릴 수 있도록 배려하는 분위기를 마련하는 것이 필수적이다. 성장하는 청년부는 성장하는 교회와 성장하는 담임목사의 배려에서 나올 가능성이 크다.

성장하는 담임목사에게는 몇 가지 특징이 있다. 첫째, 남다른 열정과 노력이 있다. 교회가 성장하고 있다면 그 교회에서 가장 열정이 뜨거운 사람은 담임목사다. 그리고 가장 열심히 뛴다. 이런 담임목사의 입장에서는 청년사역자가 기대에 못 미칠 수 있다. 그러나 청년사역자도 나름대로 최선을 다하고 있음을 항상 마음에 두어야 한다.

둘째, 설교가 좋다. 담임목사의 좋은 설교가 부흥의 중요한 동력임은 부인할 수 없다. 담임목사는 청년사역자가 자신 못지않게 청년들에게 좋은 설교를 하기 바란다. 그러나 청년사역자가 담임목사처럼 설교할 수는 없다. 지금 만들어져 가고 있는 중이다. 필자 역시 과거 청년사역을 할 때 설교했던 원고를 보면 원숙하지 못한 부분이 많이 보여 부끄럽다. 하지만 당시에는 최선을 다한 결과였다. 담임목사는 지금 청년사역자가 최선을 다해 설교하고 있다는 것을 인정하고 좋은 점을 칭찬하고 더 잘할 수 있도록 격려를 아끼지 말아야 한다.

셋째, 친화력이 좋고 카리스마가 있다. 이러한 영적 리더십의 영향력은 청년사역에까지 미친다. 그러나 청년사역자는 담임목사와 같은 영향력을 갖지 못한다. 담임목사의 친화력과 카리스마는 하루아침에 형성된 것이 아니며, 오랜 세월 교인들과 함께하며 쌓아 온 것이다. 청년사역자 역시 지금 이 사역을 통해 리더십을 배우고 형성해 가는 중이다. 담임목사는 청년사역자가 좋은 리더십과 친화력을 가질 수 있도록 잘 도와주어야 한다. 교회의 제직들과 청년사역자가 단절되지 않도록 계속해서 연결시켜 주어야 한다.

넷째, 끈기와 인내심이 있다. 담임목사는 교회 전체를 바라보며 인내하며 끈기 있게 목회를 해 나간다. 반면, 청년사역자는 목회 경험이 얼마 되지 않고, 또 교회 전체를 보지도 못하기에 1-2년 하다가 중간에 포기하는 경우가 많다. 담임목사의 기준에서 볼 때 이런 청년사역자의 모습은 기준에 미치지 못할 수 있다. 그러나 담임목사는 인내심으로 청년사역자를 끈기 있게 도와야 한다.

성장하는 담임목사일수록 사역의 기준을 자신에게 맞추어 청년사역자를 몰아붙일 때가 있다. 열정 많은 담임목사가 청년사역자의 사역을 중간중간 점검하는 경우도 있다. 그러나 담임목사가 청년사역에 대한 관심과 열정이 높다 보면, 이것이 자칫 간섭과 방해가 되기 쉽다.

청년사역이 성장하려면 담임목사는 자신의 높은 기준을 내려놓아야 한다. 담임목사가 주도권을 내려놓고 청년사역자에게 사역을 완전히 위임할 때 청년사역자는 주도적으로, 소신껏 사역을 감당할 수 있다. 담임목사의 목회 역량이 청년들에게까지 영향을 끼치면 좋겠지만, 때로 세대 차와 문화적 차이를 극복하지 못하고 일종의 장벽이 생길 경우가 있다. 이럴 때는 담임목사가 고집스럽게 청년사역을 붙잡기보다는 차라리 청년사역자를 신뢰하고 위임하는 것이 낫다.

담임목사의 주도성이 강할 경우 청년부 사역이 담임목사의 사역을 돕는 형태로 진행되곤 한다. 이럴 경우 담임목사는 동역하는 청년사역자의 입장을, 청년사역자는 담임목사의 사역 스타일을 서로 간에 이해할 필요가 있다. 중요한 것은 누가 주도하느냐보다, 서로를 통해 공동체가 건강하게 성장하도록 하는 것이다.

_____ 뛰는 사역자, 나는 청년부

성장하는 청년사역에는 부흥의 불길을 일으키는 청년사역자가 있다. 성장하는 청년사역자들은 어떤 특징이 있는가?

첫째, 열정이 있다. 무엇보다 하나님에 대한 열정으로 충만하다. 또한 청년 공동체에 대한 열정이 있다. 청년들을 사랑하는 마음, 공동체를 일으키고자 하는 열정이 충만하다. 그래서 이들을 사랑하기 위해 자신을 기꺼이 내어준다. 열정이 있는 청년사역자는 부지런하다. 청년들의 형편을 부지런히 살피고 세심하게 배려한다. 누가 시켜서 하는 것이 아니다. 사랑의 열정에서 나온 부지런함이다.

둘째, 청년들에게 신뢰할 만한 오랜 친구가 되어 준다. 천안중앙교회 청년부 사역자로 부임했을 때다. 처음 만난 청년들이 필자에게 한 질문은 "전도사님은 언제까지 있다가 가실 거예요?"였다. 알고 보니 그동안 청년사역자가 자주 바뀌었던 것이다. 이렇게 되면 청년부에는 새로운 사역자가 와도 기대가 없다. 청년사역자의 잦은 이동은 청년들에게 상처가 된다. 청년사역자는 청년들에게 "나를 따르라"고 외치고 열정으로 끌고 가고 싶을지 모르지만, 청년들은 자신들의 고민과 아픔에 귀 기울여 주고, 괜찮다고 등 두드려 줄 수 있는 믿음의 친구를 원한다. 그리고 이런 신뢰는 적어도 3년 이상의 긴 시간을 요구한다. 청년사역자는 청년의 한 세대를 함께하며 그들의 신뢰할 만한 오랜 친구가 되어 줄 각오가 되어 있어야 한다.

셋째, 부지런히 소통의 기쁨을 나눈다. 앞서 소개했던 원주제일감리교회 청년부를 5년간 30명에서 250명으로 성장시킨 청년사역자는 바로 권용주 목사다. 그의 청년사역 이야기는 주목할 만하다.[21] 권용주 목사가 처음 이 교회에 부임했을 때 그곳 청년부는 30명의 청년이 오래 머물며 기득권을 가지고 폐쇄적인 공동체를 이루어 가고 있었다. 도대체 이들이 이렇게 부정적이고 폐쇄적인 이유는 무엇이었을까? 권용주 목사는 먼저 그들의 이야기를 경청했다. 한 청년, 한 청년을 만나며 오랜 시간을 그들에게 투자했다. 권용주 목사는 사무실을 개방하고 청년들과 함께 식사를 할 수 있는 공간을 확보하여 그들에게 직접 라면을 끓여 주며 식탁 교제를 나누었다. 그리고 그들의 이야기를 들어주었고 함께 고민해 주었다.

그러자 청년들의 마음이 서서히 녹아들었고, 권용주 목사를 신뢰하며 자신들의 청년부 목사님으로 받아들이기 시작했다. 그리고 마음 깊은 곳의 생각들을 나누며 소통하기 시작했다. 그가 그렇게 청년들과 소통하니 청년부 공동체에 필요한 것이 무엇인지, 앞으로 어떻게 나아가야 할지 사역에 대한 비전이 보이기 시작했다. 청년사역자는 자신이 맡고 있는 공동체에서 나눔의 기쁨, 소통의 기쁨을 경험해야 한다.

넷째, 청년들의 현실에 적절한 말씀을 선포한다. 청년사역자는 청년들의 깊은 사정을 알고 그들을 향한 하나님의 마음을 아는 사람이다. 그리고 하나님의 불변하는 말씀을 청년들의 삶의 현장에 적실성 있게 선포하는 사람이다. 그래서 청년사역자는 성경을 연구하고, 동시에 청년을 함께 연구해야 한다. 말씀이 청년들의 삶의 현장에 이어질 때 청년들은 깊이 공감하며 때로는 웃음으로, 때로는 눈물로 반응한다. 청년사역자는 하나님의 말씀으로 청년들의 삶에 이런 공명을 일으켜야 한다.

다섯째, 이성 문제가 깨끗하다. 이따금 힘 있게 청년사역을 이끌던 청년사역자가 하루아침에 무너지는 경우가 있다. 상당수가 이성 문제 때문이다. 청년사역을 하다 보면 청년들이 청년사역자를 절대적으로 신뢰하고 친밀감을 갖고 따라올 때가 있다. 이성이 일대일 상담을 요청할 때도 있다. 이럴 경우 청년사역자는 가능한 동성끼리 상담을 하고 이성의 경우에는 동성의 성숙한 리더나 교사 등을 통해 상담하도록 하는 것이 좋다. 요셉이 보디발의 아내의 유혹을 물리치며 "내가 어찌 이 큰 악을 행하여 하나님께 죄를 지으리이까"(창 39:9b)라고 했던 것처럼, 청년사역자는 늘 하나님 앞에서 깨끗한 이성 관계를 유지하기 위해 몸부림쳐야 한다.

여섯째, 청년들을 사역의 실험 도구로 사용하지 않는다. 청년사역자가 부임하며 흔히 저지르기 쉬운 것이 사역에 대한 시행착오의 답습이다. 청년사역자가 처음 부임하여 청년부 리더들에게 다양한 사역들을 한다고 포부를 이야기하면 의외로 반대에 부딪히는 경우가 많다. 이유가 무엇일까? 청년부 리더들이 예전에 다른 사역자와 함께 이미 경험해 보았기 때문이다.

청년부에서 10년 이상 있었던, 30대 이상의 청년들은 적어도 5-6명의 청년사역자들을 거치며 여러 사역들을 백화점식으로 이미 경험해 보았을 가능성이 크다. 좋다고 하는 여러 제자훈련과 교제 프로그램들을 다양하게 경험했을 것이다. 그러나 사역자가 자주 바뀌면 아무리 열심히 해도 좋은 성과를 거두었을 가능성이 낮다. 새로운 사역자가 모든 것을 뒤엎고 다시 처음부터 세팅하여 시작하기 때문이다. 그중 하나라도 5-6년 꾸준히 했다면 공동체는 많이 달라져 있을 것이다.

따라서 처음 부임하는 청년사역자는 청년부에서 사역을 시작하기 전 다음과 같은 점을 유념해야 한다. 먼저, 공동체의 리더들을 만나 그동안의 역사를 들어야 한다. 이전에 어떤 경로를 거쳐 왔는지를 모르면 공동체에 필요한 사역 처방을 내릴 수 없다.

또한 청년사역자는 기회가 닿는 대로 다양한 사역을 접하고 준비해야 한다. 그리고 각 사역들의 장단점을 파악하고 자신이 하려는 사역에 익숙할 뿐 아니라, 그 사역에 대한 분명한 철학과 이유를 가져야 한다.

일곱째, 가슴 뛰는 비전을 함께 만든다. 청년사역에는 공동체가 함께 흔들 수 있는 깃발이 있어야 한다. 이 깃발은 함께 흔들어야 공동체가 한마음으로 뭉친다. 만약 이 비전이 청년들의 가슴에 와 닿지 않는 청년사역자 개인의 신념이면 공동체에 아무런 울림을 주지 않는다. 울림이 있는 구호와 비전을 만들려면 청년들과 함께해야 한다. 그러기 위해서는 청년들의 소리에 귀 기울여야 한다. 청년들과 신뢰 관계를 어느 정도 형성했고, 함께할 구호와 비전을 만드는 단계라면 다음과 같은 방법도 하나의 좋은 사례가 될 수 있다.

1) 청년들에게 메모지를 5-7장씩 나누어 준다.
2) 청년들이 기도하는 가운데 가슴에 품게 된 청년 공동체의 바람, 꿈, 하나님이 주시는 마음, 공동체를 세워 가기 위한 핵심 키워드 혹은 문장 등을 적게 한다.
3) 메모지를 주제별로 분류하여 함께 묶는다.
4) 가장 많은 것을 중심으로 1위부터 끝까지 정리한다.
5) 의견이 가장 많이 나온 키워드를 넣어 구호, 혹은 비전선언문을 함께 작성한다.

어떤 공동체는 이런 작업을 바탕으로, "예수의 생명으로 움직이는 청년부", "천국을 이루어 가는 그리스도의 몸", "메뚜기도 한 철이다" 등과 같은 표어를 만들었다. 그리고 예배 때마다 이를 외친다.

여덟째, 계속 성장하며 하나님을 더 깊이 체험한다. 청년사역자는 자기가 성장한 만큼까지 청년들을 성장시킬 수 있다. 도저히 자신 없는 부분일 때는 외부 강사의 도움을 받을 수 있지만, 웬만한 영역은 균형 있게 성장하도록 자신을 부지런히 발전시켜야한다. 또한 청년사역자는 자신이 경험한 하나님 체험의 깊이까지 청년들을 인도할 수 있다. 따라서 청년사역자의 영성은 중요하다. 청년사역자는 하나님을 향한 갈망으로 하나님을 더욱 깊이 체험하고 알아 가야 한다. 청년사역자의 성장은 곧 공동체의 성장임을 인지하고 필요할 경우 자신의 영적 성장을 위해 아낌없이 투자해야 한다.

___ 공동체를 바로 알면 길이 보인다

이제 그동안 막연하게 생각했던 청년사역을 좀 더 객관적으로 점검해 보자. 지금 우리 공동체의 청년사역은 성장하고 있는가? 그렇다면 그 요인은 무엇인가? 지역 조건이 좋아서인가, 아니면 성장하는 교회 덕분인가? 지역은 정체 상태이지만 담임목사의 영적 지도력으로 청년사역이 수혜를 받을 수도 있다. 이것을 냉정하게 점검하지 않으면 단순히 공동체가 성장하는 것만으로 청년사역자의 사역이 잘 수행되고 있다고 오판할 수 있다.

청년사역의 성장은 종종 앞에서 언급한 네 가지 요소의 다양한 조합의 결과일 수 있다. 교회 전체가 성장하는 분위기에서 청년사역이 성장했다면 이것은 교회 전반에 흐르는 성장과 부흥의 물결이 청년 공동체에도 들어온 것이다. 그런데 반대로 다른 요소들은 성장하는데 청년사역이 정체되는 경우도 있다. 이것은 청년 공동체 내에 문제가 있음이 틀림없다. 청년사역자는 교회 전체의 사역이 정체되거나 침체된 상황에서도 청년들의 가슴에 불을 붙여 부흥을 일으키도록 최선을 다해야 한다.

이제 아래에서 제시하는 네 가지 요소가 청년사역에 어떤 영향을 끼치고 있는지를 점검해 보자.

지역	교회	담임목사	청년사역자
성장	성장	성장	성장
정체	정체	정체	정체
침체	침체	침체	침체

이를 바탕으로 이제는 자신의 사역의 강점과 약점, 그리고 기회와 위협의 요소는 무엇인지 분석해 보자.

강점(strength)	약점(weakness)
지역: 교회: 담임목사: 청년사역자:	지역: 교회: 담임목사: 청년사역자:
기회(opportunity)	위협(threat)
지역: 교회: 담임목사: 청년사역자:	지역: 교회: 담임목사: 청년사역자:

3장

청년부가 성장하는
내부 엔진은 무엇인가

청년사역의 성장은 외적인 요소가 잘 갖추어져 있어도 내부 엔진이 살아나지 않으면 활성화될 수 없다. 사실 외적 요건이 좋지만 내부 엔진을 잘 살리지 못해 정체나 침체 상태에 있는 청년부가 꽤 많다. 교회에 청년 세대가 줄어들고 상황이 어렵다고 하지만, 여전히 우리 주변을 보면 청년들은 많다. 그렇다면 우리는 내부 엔진에 불을 붙이는 것에 좀 더 집중해야 한다. 그렇다면 불붙어야 할 내부 엔진은 어떤 것들이 있을까? 특별히 '위프'(WEEP-Worship-예배, Evangelism-전도, Education-양육, Prayer-기도)를 중심으로 살펴보고자 한다.[22]

_____ 예배가 살아야 청년부가 산다

농사를 지으려면 먼저 굳은 땅을 갈아엎고 거름과 퇴비를 주어 땅을 부드럽고 기름지게 해야 한다. 마찬가지로 청년사역에서도 열매를 거두려면 공동체의 토양을 기경하고 풍성한 영적 자양분을 공급해야 한다.

공동체의 토양을 갈아엎는 첫걸음은 예배다. 예배에 기름 부으심이 있고 청년들이 예배 가운데 임재하시는 주님을 깊이 만나고 경험할 때 공동체의 토양이 바뀌기 시작한다. 청년들이 은혜를 받으면 표정이 밝아지고 서로에게 부드러워진다. 이런 토양이 어느 정도 마련된 후에야 청년들은 새신자를 맞을 준비가 된다.

이처럼 성장하는 청년사역 현장은 예배가 살아 있다는 공통점이 있다. 예배가 살아야 청년사역이 산다. 예배는 청년들에게 교회가 살아 계신 하나님의 집임을 경험하게 하는 소중한 통로다. 청년들이 예배 가운데 임재하시는 하나님을 경험하고 확신하기 시작할 때 이들은 예배에 대한 갈망으로 불타오른다.

예배는 청년들이 공동체에 모이는 가장 근본적인 이유이기도 하다. 좋은 공동체를 찾는 청년들이 교회를 방문할 때 가장 먼저 경험하는 것 또한 예배다. 예배의 분위기, 예배에 임하는 은혜를 통하여 공동체를 경험한다. 이처럼 예배는 청년 공동체의 본질적인 존재 이유인 동시에 가장 강력한 전도의 통로이기도 하다. 예배를 통하여 하나님을 경험한 청년들은 주변 친구들에게, "너 우리 교회 청년 예배 한번 와 봐!"라고 자신 있게 초대한다.

따라서 사역자는 지금 공동체의 은혜의 토양이 어떠한가를 잘 측정해야 한다. 너무 황폐해서 산성화되었다면 일단 땅을 기름지게 하는 데 최선을 다해야 한다. 산성화된 상태로는 새신자가 오자마자 적응하지 못하고 나가떨어진다. 지금 내가 섬기는 공동체의 은혜의 토양은 어떠한가?

예배가 살아 있다는 것은 청년 공동체가 단순히 사람들만의 모임이 아님을 의미한다. 살아 있는 예배는 그 자리에 함께하시는 하나님의 역사하심을 경험하는 시간이다. 그 임재 앞에 감격하며 나의 마음을 자유롭게 표현할 수 있어야 한다. 그렇다면 예배 가운데 하나님의 역사하심을 경험하는 통로는 무엇인지 살펴보자.

예배가 살아나려면 어떻게 해야 할까?

먼저 말씀이다. 살아 있는 예배는 말씀이 살아 있다. 그리고 그 살아 있는 말씀이 청년들의 가슴을 울린다. 회개하게 하고, 흥분하게 하며, 결단하게 한다. 그리고 예배를 통하여 선포된 말씀은 청년들의 가슴에 오랫동안 여진으로 남아 그들을 뒤흔든다.

하나님의 역사하심을 경험하는 또 다른 통로는 찬양이다. 살아 있는 청년 예배에서는 찬양 중에 임하시는 하나님의 영광을 볼 수 있다. 뛰어난 기교가 아니어도, 때로는 악기가 기타 하나밖에 없어도 그 가운데 강렬한 임재와 은혜를 경험한다. 언젠가 미국 샌디에이고 부근에 있는 뉴호라이즌교회에서 예배를 드린 적이 있었다. 약 2천 명의 회중이 체육관에서 예배를 드렸는데, 악기라곤 찬양리더 혼자 기타를 치는 것이 전부였다. 그러나 2천여 명이 기타 하나에 맞추어 한목소리로 찬양할 때 그곳에 하나님의 임재가 충만했고 많은 사람이 하나님의 사랑을 견디지 못해 곳곳에서 눈물을 흘리며 손을 들고 찬양했다. 필자는 물론 함께 예배에 참석했던 신학교 교수님들도 눈에 눈물이 가득했다. 오직 주님만을 바라며, 그분의 이름을 높이는 찬양은 주님이 역사하시는 통로다.

또한 살아 있는 예배는 기도가 살아 있다. 예배 중 드리는 기도는 폭포수와 같은 영적 웅장함을 쏟아 내며, 우리는 기도를 통해 하나님을 경험하고 기도 중에 임하시는 성령의 감동과 응답을 체험한다.

예배 가운데 눈물을 구해야 한다. 기적과 표적보다 눈물이 있어야 한다. 이 눈물은 회개의 눈물, 사랑의 눈물, 주님을 만난 감격의 눈물이다. 그래서 살아 있는 예배에는 찬양을 부르며 눈시울이 붉어지고, 말씀이 선포될 때 눈물을 훔치고, 기도하며 폭포수 같은 눈물이 쏟아지는 역사가 일어난다.

예배 시간은 어느 정도가 적절할까?

애매한 시간보다 확실한 것이 낫다. 대예배와 같이 한 시간 전후로 깔끔하면서 임팩트 있는 예배를 드리든지, 아니면 강렬한 하나님의 임재에 치열하게 들어가서 두세 시간씩 드려도 좋다. 어떤 교회의 예배 구호는 "강하고 깊은 예배"(strong and deep worship)다.[23] 이들은 예배 시간에 시계를 떼어 놓고 드린다. 그 가운데 알게 모르게 세상에 사로잡혔던 견고하고 강력한 진들이 무너지는 역사들을 경험한다. 시간을 채우기 위해 질질 끌지 마라. 단, 더 깊은 예배로 나아가기 위해 치열하게 분투하라. 하나님이 임재하시는 깊은 곳에 갔다 오면 어느덧 두세 시간이 훌쩍 지났음을 깨닫게 될 것이다.

우리가 누군가를 만나 의미 있는 교제를 나누려면 어느 정도의 시간이 필요할까? 함께 만나 식사하고, 차 마시고, 여러 이야기를 나누며 웃고 울고 하다 보면 두세 시간은 훌쩍 간다. 이것은 하나님과의 만남도 마찬가지다. 그분을 만나 찬양하고, 말씀을 듣고, 사랑을 고백하고, 그분의 이름을 높여 우리의 모든 것을 드릴 때 두세 시간이 순식간에 흘러간다.

인격적인 깊은 만남에 두세 시간은 그리 긴 시간이 아니다. 애매한 것은 시간을 채우기 위해 순서를 끄는 것이다. 애매하게 끌지 말고 그곳에 약동하시는 주님과의 만남과 사귐이 일어나도록 하라. 이런 면에서 모든 회중이 함께 주님을 깊이 경험할 수 있는 예배 전체를 잘 기획하는 것이 필요하다.

예배를 어떻게 준비해야 할까?

청년사역자에게 예배를 준비할 때 가장 중요한 요소를 꼽으라면 대다수가 설교라고 답할 것이다. 물론 설교는 하나님의 말씀을 청년들에게 선포하고, 말씀을 통해 하나님을 경험하고 결단하게 하는 매우 중요한 사역이다. 그러나 주일에 청년들이 모이는 것은 단지 설교를 듣기 위해서만은 아니다. 청년들은 예배하기 위해 모인다. 살아 계신 하나님을 만나고 경험하기 위해 모인다. 즉 설교도 중요하지만, 예배 전체가 은혜로운 예배가 되도록 애쓰는 것이 더욱 중요하다.

설교가 예배의 중요한 부분임에는 틀림없지만 여전히 설교는 예배의 일부다. 예배는 설교를 위한 형식상의 변두리 절차 같은 것이 결코 아니다. 설교가 은혜로웠다 하더라도 나머지 순서들이 형식적이고 산만하면 제대로 예배드렸다는 느낌을 갖지 못한다. 단지 예배 '보고', 설교 '듣고' 가는 경험만을 할 뿐이다.

청년들은 신령과 진정으로 예배를 드리고 싶어 한다. 설교를 통해 하나님의 음성을 듣고 변화가 일어나는 경험도 필요하지만, 예배 전체를 통해 하나님께 자신을 기쁘게 드리는 경험을 해야 한다. 따라서 예배 전체를 얼마나 흐트러짐 없이 긴장감 있게 준비하고 진행하느냐는 매우 중요하다. 설교 준비에 쏟는 에너지의 절반만 예배 준비에 사용해도 그 예배는 매우 달라질 것이다.

교역자는 설교만 신경 쓸 것이 아니라, 예배 전체가 참된 예배가 되도록 애써야 한다. 이를 위해 순서를 미리 계획하고, 점검하고, 준비하고, 연습하는 것이 필요하다. 그뿐만 아니라 예배 후에는 다음 주에 더욱 알찬 예배를 드리기 위해 예배팀 전체가 모여 함께 점검하면 좋다. 청년사역자는 설교자 이전에 예배 인도자가 되어야 한다.

어떤 사역자들은 살아 있는 예배를 위해 '형식을 어떻게 구성하면 좋을까?' 하고 고민한다. 그러나 예배는 형식에 정답이 있지 않다. 자유롭게 찬양하는 형식도 좋고, 전통적인 형식도 강점이 있다. 중요한 것은 어떤 형식이든지 예배에 은혜가 흐를 수 있도록 구성되어야 한다는 것이다. 하나님의 은혜가 막힘없이 흘러가도록 주의 깊게 예배 순서를 기획하라.[24]

예배는 공동체를 살아나게 하는 근본 원리다. 예배가 살아야 청년이 살고, 청년이 살면 공동체가 살아난다. 건강한 예배는 건강한 공동체를 형성한다. 하나님의 임재가 머무르는 청년 공동체는 생기가 있고 지체 간의 관계도 진정성 있게 살아난다. 예배로

부터 하나님과 은혜의 관계를 맺은 청년들은 다른 지체들에게도 은혜를 흘려보낸다.

은혜가 흐르는 공동체에는 특징이 있다. 분위기가 밝고 생기발랄한 미소와 웃음이 있다. 그리고 하나님의 은혜와 공동체의 사랑에 눈물짓는 감격이 있다. 그런 가운데 배타적인 경계심의 담을 허물고 서로를 용납하고, 인내하며, 받아들이는 역사가 일어난다.

기억할 것은 공동체가 건강해야 전도와 정착이 잘 일어난다는 점이다. 개인적인 생각이지만, 만약 전도를 할 때 우리 공동체가 건강하지 않으면 차라리 다른 교회를 추천하는 것이 낫다. 와 봐야 상처받고 떠날 것이 훤히 보이기 때문이다. 따라서 전도 이전에 우리 공동체의 건강을 고민해야 한다.

공동체가 지금보다 건강하고 밝아지기 원하는가? 그렇다면 예배에 집중하라. 예배에 대한 확신을 가져야 한다. 잘 드린 예배 한 번이 열 번의 성경공부보다 낫다. 예배에는 치유와 변화와 능력이 있다. 그리고 하나님의 영광이 있다. 청년사역자는 무엇보다 청년들과 함께 드리는 예배에 대한 확신이 있어야 한다. 그래서 다른 그 어떤 사역과도 예배를 타협하지 않아야 한다. 예배의 감격과 능력을 사모하라. 무엇보다 예배의 영광을 사모하라. 그리고 이런 확신으로 예배를 준비하고 뜨겁게 기도하라!

___ 자연스럽게 공동체로 전도하라

성장하는 청년 공동체는 청년들을 끄는 매력이 있다. 매력적인 공동체로부터 자연스러운 청년 전도가 일어난다. 여기서 전도는 상당히 넓은 영역을 포괄한다. 직접적으로는 예수 그리스도를 소개하고 복음을 전하는 것이지만, 간접적으로는 청년부 공동체와 교회에 대한 좋은 인상을 심어 주는 것을 포함한다.

청년 전도는 어렵기도 하고 쉽기도 하다. 청년들은 민감하고 변화무쌍한 환경에 노출되어 있다. 청년들은 아직 미래가 불투명하다. 새로운 학교, 새로운 직장, 새로운 기회를 위해 이동이 활발하다. 또한 SNS와 인터넷 검색에 능하다. 그래서 인적 네트워크의 폭이 넓다. 한 사람에게만 좋은 이미지를 주어도 좋은 소문이 날 수 있다. 반면 소문이 좋지 않은 공동체는 새가족을 만나기가 좀처럼 쉽지 않다. 늘 청년이 몰려오던 공동체라 하더라도 부정적인 소문이 나면 순식간에 전도 혈관이 막혀 버린다.

청년 전도의 대상은 누구인가?

청년부에 새롭게 등록하는 청년들을 나눠 보면 크게 다음과 같다.

1) 이동 청년

학교, 직장 등 새로운 기회를 좇아 새로운 지역에 오면서 주변의 좋은 공동체를 찾아오는 경우다. 이때는 청년 공동체 또는 교회가 그 지역에서 소문과 평판이 좋아야 한다. 또한 공동체 전체가 매력을 발산하도록 잘 준비되어 있어야 한다. 새신자에게 기쁘고 밝게 인사해 보라. 자연스럽게 말을 걸어 보는 것도 좋다. 그러나 등록을 강요하는 것은 좋지 않다. 지금 이들이 우리 공동체에 온 것은 고려하는 몇몇 대안 중 하나다. 일단은 마음을 열고 공동체의 매력에 좀 더 빠져들 수 있도록 관심을 갖고 돕는 것이 중요하다.

어떤 교회에서는 처음 방문한 청년들을 보면 밝게 인사하며 처음 왔느냐고 환영한 후에 환영의 뜻으로 교회에서 운영하는 카페나 인근 카페의 커피 쿠폰을 선물한다. 이렇게 커피를 한 잔 하며 이야기를 나누다 보면 자연스럽게 마음이 열리는 효과가 있기도 하다. 너무 물어 부담을 주지 않되, 호감을 갖도록 하는 것이 중요하다.

2) 가나안 청년

가나안 청년이란 교회에서 상처받고 실망하여 더 이상 교회에 출석하지 않는 청년들을 일컫는 말이다. 이런 청년들의 마음에는 좋은 공동체를 만난다면 다시 교회에 출석하고 싶은 깊은 열망이 있으나, 워낙 실망과 상처의 골이 깊어 '웬만한 교회는 다 거기서 거기'라는 냉소적인 견해가 자리잡고 있다. 이런 청년들은 본질적인 것에 대한 갈망이 크다. 다시 하나님을 뜨겁게 경험하고 싶고 좋은 공동체를 만나고 싶은 열망이 있다.

과거에 청년부 사역을 할 때다. 친구의 권면을 받고 교회에 나온 청년이 있었다. 교회를 오랫동안 다니지 않았던 가나안 청년이었다. 필자는 무슨 일이 있었는지, 그동안 어떻게 지냈는지 너무 묻지 않았다. 그런데 이 청년이 몇 번 예배에 참석하더니 어느 날 눈물 콧물 범벅이 되었다. 예배 중에 임재하신 하나님을 뜨겁게 경험한 모양이었다. 이후 이 청년은 공동체에 적극적으로 참여하기 시작했다. 교육 과정을 마치고 봉사를 하기 시작했다. 예전 같은 신앙의 열정을 회복하는 중이었다. 얼굴에서는 점점 빛이 나기 시작했다. 그는 지금 크리스천 열혈 청년이 되어 있다. 이처럼 가나안 청년은 본질을 뜨겁게 강조하며 발산하는 교회 공동체를 만나면 매력을 느끼면서 적극적으로 다가올 수 있다.

3) 불신 청년

불신 청년의 경우 스스로 교회에 오는 경우는 거의 없다. 대부분 친구를 따라 교회에 나온다. 이때는 공동체의 매력도 중요하지만 그를 전도한 친구의 역할이 가장 중요하다. 친구는 불신 친구의 신앙을 잘 안내해야 하고, 세상과 다른 교회의 좋은 관계들을 잘 연결시켜 주어야 한다. 이들은 조금만 관심을 갖지 않으면 메마른 화초처럼 금방 시들어 버린다. 불신 청년이 믿음을 갖고 공동체에 들어와 어느 정도 안정된 관계를 갖기까지는 적어도 6개월에서 1년 정도의 시간이 필요하다. 그러다 예배를 통해, 혹은 좋은 만남을 통해 하나님을 경험하면 순수한 열정과 사랑으로 헌신하는 청년으로 변화할 수 있다.

4) 내부 청년

어느 정도 장년부가 성장하고 있는 교회에는 숨은 청년들이 있다. 이들은 대예배를 드리는 것으로 만족한다. 이들이 숨는 이유는 다양하다. 어떤 청년은 청년부 안에 불편한 관계 때문에 공동체에 나오기를 꺼려한다. 한때 열심히 활동하다가 지쳐서 숨는 경우도 있다. 이전 청년사역자에게 상처받고 나서 청년사역자에 대한 두려움이 있어 숨기도 한다. 청년부가 성장하려면 음지에 숨은 청년들을 양지로 끌어내는 것이 중요하지만 이들은 좀처럼 고개를 내밀지 않는다. 이들을 공동체로 나오게 하려면 특별한 동기부여와 돌봄이 필요하다.

기억할 것은 공동체가 매력 있는 공동체로 변신하고 청년 예배에 성령의 거룩한 기름 부음이 있기 시작할 때, 이들에게 소문이 제일 먼저 퍼진다는 사실이다. 이미 청년부에서 활동하는 청년들과 관계가 있기 때문이다. 그렇지만 보통 내부 청년들은 청년부가 어느 정도 성장하는 것을 보고 나서야 들어오는 경우가 많다. 요란한 구호로 시작했다가 흐지부지 끝났던 이전의 청년부 경험이 있기에 한참을 관망하기 일쑤다.

이들의 마음을 움직이려면 공동체에 은혜가 넘친다는 것을 알릴 필요가 있다. 풍성한 은혜로 행복해하는 청년들을 보면 이들의 마음이 움직인다. 이때 청년사역자나 리더들은 이들을 개인적으로 만나 이야기를 들어 주고 교제를 나눌 필요가 있다. 나올 것을 권면하기 위한 목적이 될 수도 있지만, 먼저는 그들의 고민을 많이 듣고 좋은 친구가 되어 주어야 한다. 그러면 얼마 지나지 않아 이들은 조심스럽게 청년부의 문을 두드릴 것이다.

5) 이성 친구

신앙생활을 하는 청년 중 결혼을 진지하게 고민하며 교제하는 이성 친구를 데려오는 경우가 있다. 이렇게 처음 교회에 발을 들인 청년들의 우선적 동기는 신앙에 대한 관심은 아니다. 하지만 이들에게 진정성을 갖고 신앙생활을 한다는 것이 무엇인지를 꾸준하게 경험하게 해 줄 필요가 있다.

조심스러운 것은 이들이 중간에 헤어지는 경우다. 그러면 인도된 청년은 더 이상 공동체에 나오기가 쉽지 않다. 그러나 만약 그가 그동안 공동체에서 진실한 관계를 맺고 신앙의 깊이 있는 경험을 했다면 진지하게 다른 청년 공동체를 찾을 수 있다. 할 수 있다면 그가 다른 좋은 공동체로 옮겨 잘 적응할 수 있도록 좋은 교회를 추천하거나 연결시켜 주어야 한다.

청년 전도의 방법은 무엇인가?

청년사역에서 전도는 어떻게 일어나는가? 어떻게 하면 계속해서 새가족이 오도록 할 수 있을까?

1) 예배 전도

맛집은 소문이 나기 마련이다. 조용한 곳에 있어도 어떻게든 알고서 찾아온다. 마찬가지로 예배에서 하나님을 만나고 경험한 청년들은 자연스럽게 입소문을 낸다. 그런 의미에서 전도의 가장 큰 동력은 예배다. 살아 있는 예배와 공동체를 경험한 청년들은 어떻게든 공동체와 예배를 주변에 알리고 싶어 한다. 예배에 자신이 없으면 전도가 쉽게 일어나지 않는다. 반대로 새신자가 예배 중에 주님을 만나는 강렬한 체험을 하면 굳이 공동체에 들어오라는 권면과 설득이 필요 없다. 자발적으로 등록하고 들어온다. 예배에 주님과의 거룩한 만남과 눈물이 있기를 사모하며 나아가라.

2) 이벤트 초청 전도

청년들을 초대할 수 있는 좋은 이벤트를 마련하는 것도 전도의 좋은 통로가 된다. 주변에 교회를 찾는 청년들이 많다면 찬양 집회나 CCM 가수 공연을, 불신 청년들을 전도하려 한다면 청년들의 관심사를 잘 이야기할 수 있는 좋은 그리스도인 명사의 강연이나 공연을 기획할 수 있다. 중요한 것은 기존 공동체 청년들이 이벤트에 주변 친구들을 기꺼이 초대할 수 있도록 마음과 기도로 준비하는 일이다.

3) 대면 전도

대면 전도는 지인들, 또는 거리에서 사람들을 만나 직접 복음을 전하고 예수 그리스도를 구주로 믿도록 도와주는 것이다. 이를 위해서는 짧은 시간 동안 복음을 전할 수 있도록 준비하고 훈련할 필요가 있다. 이는 학기가 시작되기 전, 또는 단기선교나 농어촌 선교를 준비할 때 필요하다. 함께 모여 실습도 하고 꾸준히 나가서 전하는 연습을 할 필요가 있다.

4) 관계 전도

관계를 통해 청년들을 공동체로 초대하는 것이다. 이들은 교회를 처음 경험하는 경우가 많다. 이때는 공동체의 토양이 중요하다. 그동안 미디어를 통해 가졌던 교회에 대한 사회적 편견을 바로잡을 수 있는 계기가 되도록 도와야 한다.

5) 변증 전도

변증이란 신앙생활에 대한 질문에 정직한 답변을 시도하는 것이다. 많은 불신 청년이 신앙에 대한 사소한 오해, 때로는 해결하지 못한 진지한 고민을 안고 교회에 찾아온다. 그리고 공동체가 조금 익숙해질 무렵 이 질문을 하나둘 꺼내 놓는다. 이때 청년사역자가 질문은 됐으니 덮어 놓고 무조건 믿어야 한다는 식으로 답변한다면 이들의 공동체에 대한 불신은 더욱 커질 것이다. 할 수 있으면 정직한 질문에 대하여 논리적이고도 납득이 갈 수 있는 답변을 찾도록 도와야 한다.

교회 내에 '기독교 변증 모임' 또는 '기독교 신앙 질문반' 등의 모임을 만들어 보는 것도 좋은 방법이다. 필자는 지금 섬기고 있는 공동체에서 일 년에 한두 차례씩 이러한 성경공부 모임을 개설하여 신앙의 문을 조심스럽게 두드리는 이들을 초대하고 있다.

6) 이단 상담 전도

지금 이단에 빠져 있거나, 예전에 이단에서 활동하다가 쉬고 있는 이들을 대상으로 하는 전도다. 이단에 발을 들인 지 얼마 되지 않아 열심을 내는 청년들은 전문적인 상담사가 필요하다. 하지만 이단에 빠진 지 10년 가까이 되는 이들은 내부 집단에 많은 문제가 있고 성경적, 교리적으로 잘못되었다는 것을 자각하기 시작했다. 이럴 때 용기를 내어 다시 기존 교회의 문을 조심스럽게 두드리는 경우가 많다.

그러나 이단에서 발은 뺐지만 교회로 돌아오지 못하고 방황하는 경우도 있다. 이때 이들이 가장 두려워하는 것은 교회로 다시 돌아갔을 때 받게 될 따가운 시선이다. 교회는 이들을 따뜻하게 품어 주고 환대해 줄 수 있도록 준비되어 있어야 한다. 필자가 지금 섬기는 교회에도 이단에 빠졌다 나온 이들이 제법 있다. 교회에서는 이들을 편견과 차별의 시선으로 바라보지 않도록 주의하며, 편안한 마음으로 신앙생활 할 수 있도록 돕는다. 그러자 이들이 비교적 빠르게 교회에 정착할 수 있었다.

7) SNS와 인터넷 미디어 전도

청년 공동체는 자신들의 매력을 SNS와 인터넷을 통해 전할 수 있어야 한다. 요즘 입소문은 대부분 SNS를 통해 퍼진다. 예전 같은 대면 관계보다는 SNS를 통한 관계가 활발하기 때문에 청년 공동체도 이를 활용한 입소문 전략과 전도를 고민할 필요가 있다.

학원복음화협의회에서 지앤컴리서치와 함께 조사한 '2017 대학생 생활 및 의식 조사'에 따르면 캠퍼스 대학생들의 하루 평균 스마트폰 사용 시간은 4.8시간이다.[25] 청년들의 활동 공간이 오프라인에서 온라인으로 옮겨 가고 있다. 청년 공동체는 좀 더 적극적으로 미디어 전도를 고민해야 한다. 온라인에서 공동체의 소문을 내라. 누군가는 공동체에 대한 좋은 기억을 담아 두게 되고, 또 다른 누군가에게 그 교회를 추천하게 될지도 모른다.

8) 협력 전도

협력 전도는 대학이 가까이 있는 청년 공동체의 경우 진지하게 고민할 필요가 있다. 전에 필자가 섬기던 교회에는 캠퍼스 선교단체 간사들이 많이 출석했다. 이는 교회가 캠퍼스 선교단체 간사들의 사역을 인정할 뿐 아니라 재정적으로도 일정 부분을 후원했기 때문이다. 선교단체 간사들에게 관심을 갖고 그들이 캠퍼스 사역을 감당할 때 함께 기도해 주고 또 함께 식사도 나눈다면, 이들에게 큰 힘이 될 것이다.

어떤 사역자는 대학교회 개척을 준비하며 주중에는 캠퍼스 선교단체들을 열심히 도왔다. 필요하면 수련회장으로 차량 운행까지 돕고, 간식도 후원했다. 그러자 간사들이 이 청년사역자에게 고마움을 느끼고 진지하게 고민을 터놓고 대화를 나누는 관계로 발전했다. 이것이 후에 자연스럽게 캠퍼스 연합 운동으로 이어지고, 대학교회가 세워지게 되었다. 교회 주변에 캠퍼스의 복음화를 위해 헌신하고 수고하는 단체들이 있다면 좋은 친구가 되고 이들과 동역하는 관계를 세워 가라. 서로가 상생할 수 있는 방안을 고민하라. 좋은 열매들을 맛볼 것이다.

9) 내부 전도

교회 내부의 잃은 양을 찾는 것이다. 비록 지금은 청년 공동체에 나오지 않고 있더라도 명단을 확보하고 할 수 있는 한 정기적인 만남을 갖거나 관심을 보여 준다면 서서히 마음이 열릴 것이다. 이들이 다시 공동체에 마음을 열고 들어와 헌신하기 시작한다면 무서운 힘을 발휘할 것이다.

10) 능력 전도

청년사역자는 공동체에 성령의 능력이 임하기를 구해야 한다. 소그룹마다 풍성한 기도 응답과 기적을 경험하고, 예배 때마다 치유와 회복과 능력을 경험한다면 청년들은 자신과 비슷한 문제와 고민을 안고 있는 친구들을 초대한다. 그리고 함께 회복되기 시작한다. 이것은 예수님의 갈릴리 사역에서 일어난 일이다. 예수께서 병자들과 귀신 들린 자를 고치시자 이 소문이 삽시간에 갈릴리 사방으로 퍼져 수많은 사람이 몰려오는 역사가 일어났다

(막 1:32-33, 3:7-8).

청년들이 하나님의 일하심을 체험하기 시작하면 그 심령에 불이 붙는다. 하나님의 살아 계심을 확신하면서 정말 깊이 헌신한다. 마른 장작 같던 심령에 불이 활활 타올라 어디든 달려갈 수 있는 힘을 얻는다. 청년사역자는 하나님이 공동체에 위로부터 부어 주시는 능력과 기적을 구해야 한다.

___ 양육에는 쉼이 없다

청년사역은 말씀으로 성장한다. 그러나 지식만으로는 부족하다. 감정적으로도 성장해야 한다. 청년들은 성장하며 인내하는 법을 배운다. 더 나아가 자신의 시간과 물질을 드려 의지적으로 헌신한다. 청년사역자는 청년의 '지정의'에 그리스도의 형상이 이루어지기까지 이러한 해산하는 수고를 감당해야 한다(갈 4:19).

지식의 기초가 없으면 쉽게 뿌리 뽑힌다

지적으로 성장한다는 것은 예수 그리스도의 은혜와 그를 아는 지식에서 자라 가는 것을 의미한다(벧후 3:18). 청년사역자는 공동체가 이런 지식으로 무장할 수 있도록 부단히 도와야 한다. 공동체는 이런 과정을 통하여 내적, 외적으로 성장한다.

첫째, 청년들은 기본적으로 성경을 읽는 데 익숙해져야 한다. 하지만 요즘 청년들은 "성경을 읽어라", "큐티를 해라" 하면 성경 내용이 어렵다고 호소하는 경우가 많다. 이들에게 성경은 거의 접근 불가능한 어려운 문서다. 하지만 이것은 단지 성경이 익숙하지 않기 때문에 하는 말이다. 요즘 중고등학생들의 교과서나 학습지를 보면 지문들의 수준이 상당하다. 지금의 청년들은 적어도 이미 수년 전에 이런 지문들을 읽으며 문제를 풀고 수능시험을 치렀다. 그 정도 지적 능력이면 성경을 읽는 데 지장은 별로 없을 듯하다.

따라서 청년사역자는 청년들이 성경을 익숙하게 대할 수 있을 때까지 전체적인 맥락을 잡아 주어야 한다. 구약과 신약의 구성, 하나님의 언약과 구속사가 어떤 식으로 펼쳐지는지, 각 책은 이런 구속사의 흐름 가운데 어떤 역할을 감당하는지 등을 이해하면 이들은 보다 진지하게 성경을 대하게 된다. 자발적으로 성경을 읽고 큐티에 열심을 내게 될 것이다.

둘째, 청년은 교리적인 지식에서 자라 가야 한다. 교리는 신앙의 견고한 초석이 된다. 이러한 초석이 든든히 받쳐 주지 않으면 청년들을 주요 목표로 하는 이단들의 미혹에 쉽게 넘어간다. 이단의 50% 가까이가 청년이란 사실을 아는가? 이렇게 많은 청년이 이단에 빠지는 것은 그들의 교묘한 교리에 논리적으로 설득되었기 때문이다. 따라서 청년사역자는 청년들에게 '성경이란 어떤 책인가? 하나님은 어떤 분이신가? 사람은 어떤 존재인가? 예수 그리스도는 어떤 분이신가? 구원이란 무엇인가? 교회는 무엇인가? 종말은 어떻게 오는가?' 등 교리의 주요 7영역, 곧 '계시론, 신론, 인간론, 기독론, 구원론, 교회론, 종말론' 등의 영역에 해당하

는 핵심적인 교리를 가르쳐야 한다.[26]

셋째, 청년은 변증적인 지식에서 자라 가야 한다. 생물학과에 재학 중이던 한 청년이 언젠가부터 교회를 나오지 않았다. 신앙이 없는 교수가 생물학 수업을 진행하며 논리적으로 신의 존재를 부정하며 학생들을 혼란에 빠뜨렸는데, 그만 그 논리에 설득된 것이다. 이후 다양한 경로를 통하여 그 청년을 만나려 했으나 그는 만남 자체를 아예 거부했다.

평소 변증적 논리로 훈련하고 양육하라. 논리적 질문에 대하여 논리적으로 충분한 답변을 제시하는 훈련과 양육은 절실하게 필요하다. 최윤식 박사는 "미래에는 진리 전쟁의 시대가 올 것이므로 변증에 능한 교회로 준비할 것"을 강조한다.[27] 변증적 주제를 10-20여 개만 잘 준비시켜 보라. 더욱 강한 확신으로 전도가 활성화될 것이다.

감성적으로 성장할 때 관계도 성장한다

청년은 그리스도를 향한 감성, 즉 예수님을 향한 사랑이 갈수록 깊어져야 한다. 이는 이웃을 향한 사랑으로 자연스럽게 드러난다. 감성적 성장이 관계적 성장으로 드러나는 것이다. 그렇다면 성경이 말하는 사랑은 어떤 것인가?

먼저, 오래 참는다. 그리스도를 사랑하면 그분을 생각하는 것만으로 현재의 부당한 고난을 인내할 수 있다. 이는 하나님 앞에 아름다운 일이다(벧전 2:19). 이러한 부당한 고난은 공동체 안에서 흔히 일어나는 관계적 갈등도 포함한다.

둘째, 온유하고 시기하지 않는다. 청년들의 자존감이 낮을 때 여기에는 시기와 열등감이 자리잡기 쉽다. 그러나 내면에 그리스도의 사랑이 가득하면 시기와 질투가 온유함과 감사로 바뀐다.

셋째, 자랑하거나 교만하게 행하지 않는다. 사람들의 칭찬과 인정을 받는 것에 연연해하지 않는다.

넷째, 자기의 유익을 구하지 않는다. 공동체에서 자기의 욕구를 충족하려고 하기보다 함께 공동체를 세워 가는 성숙이 일어난다.

헌신이 성장하면 드림이 기쁘다

헌신이란 나의 것을 내어 드리는 것이다. 이러한 헌신이 성장하면 공동체를 바라보는 시각이 완전히 바뀐다. 공동체를 위한 헌신이 에너지 낭비라고 생각했지만, 이제는 주님을 기쁘시게 해 드리는 소중한 일이라고 생각한다. 그래서 드림을 기쁨으로 받아들인다. 예배 외에는 공동체를 위해 한 시간 내는 것도 아깝고 인색했는데, 이제는 그리스도를 사랑함으로 기꺼이 내어 드린다. 전에는 십일조 하는 것을 머뭇거렸다면 이제는 기쁘게, 마땅히 드려야 할 것으로 여긴다. 내 주머니를 털어 지체들에게 커피를 사고 밥을 산다. 이처럼 사랑 안에서 성장하는 이들은 즐겨 드리기 시작한다(고후 9:7; 살전 2:8).

사역을 감당하면서 성장한다

청년은 맡은 일을 책임을 지고 성실하게 수행할 때, 즉 사역을 감당할 때 성장한다. 물론 그 과정에는 갈등도 있고 어려움도 있다. 하지만 이런 것들을 하나하나 극복하면서 감정적, 관계적으로도 성장해 나간다. 사역의 자리는 지적, 감성적, 의지적 헌신의 성장이 종합적으로 일어나는 장소다. 따라서 공동체를 향한 마음이 조금씩 열리고 있는 청년들, 은혜를 경험하고 있는 청년들에게 작은 일이라도 맡기기 시작하면 여기서부터 성장이 일어난다. 사역은 하나님 나라를 확장해 나가는 좋은 경험이다. 청년의 때에 다양한 사역을 통해 다양한 경험을 하도록 하라. 하나님 나라를 위한 다양한 꿈과 비전을 품을 수 있을 것이다.

좋은 만남을 통해 성장한다

청년은 또래집단이나 멘토 등을 통해 많은 영향을 받는다. 따라서 좋은 만남을 가질 수 있도록 도와야 하고 기회를 열어 주어야 한다. 좋은 신앙의 모델을 만날 수 있도록 돕고, 또 청년들의 비전에 도전이 될 만한 이들을 초대하여 함께 만날 수 있도록 도와야 한다.

청년사역자는 청년들이 다양한 성장을 경험할 수 있도록 양육을 설계해야 한다. 다양한 차원에서 양육이 풍성하게 일어날 때 청년 공동체는 내적으로 다져진다. 그러면 공동체를 위해 헌신할 일꾼이 많아지고 외적으로도 건강한 성장 동력을 확보할 수 있을 것이다.

___ 기도는 모든 사역의 기초다

성장하는 청년사역에는 불붙는 기도가 있다. 이 기도의 불은 성령이 각 청년의 마음에 붙여 주시는 것이며, 이들이 주의 이름으로 모여 기도할 때 강력한 회개와 부흥의 기름 부음이 임한다. 이들은 예배 때도 뜨겁게 기도하지만 별도의 기도 모임 때도 뜨거운 부르짖음의 역사가 일어난다.

청년부 디렉터를 맡아 섬길 때였다. 한창 수련회를 준비하는 중에 수련회 준비 기도회가 있었다. 그때 하나님이 마음에 주신 감동을 따라 "기도의 능력을 믿는가?"라는 제목으로 설교했다. 단순히 모이는 것으로 만족하지 말고 함께 기도하여 하나님의 능력이 공동체 가운데 쏟아부어지게 하자는 내용이었다.

뜨겁게 기도하고 돌아오는 중 지하철에서 오래간만에 반가운 지인을 만났다. 한창 서로의 안부를 묻고 시간 가는 줄 모르고 삶을 나누다가 급하게 목적지 정거장에서 내렸다. 그런데 아뿔싸! 노트북을 지하철 안 선반에 놓고 내렸다. 그 안에는 청년사역과 수련회를 기획했던 자료가 몽땅 들어 있었다. 급한 마음에 지하철에서 만났던 지인에게 전화를 해서 선반 위의 노트북을 보았느냐고 물었다. 그러자 보기는 했는데, 자기도 방금 지하철에서 내렸다는 것이다. 지하철 유실물 센터에 전화를 걸어 보았지만 노트북은 찾을 수 없었다. 낙담이 되었다.

그다음 주에도 수련회를 위한 준비 기도 모임을 갖고 기도의 능력을 믿자며 수련회에 임할 은혜를 위해 간절히 기도했다. 그리고 집에 가는 길, 지하철에 앉아 있는 필자에게 성령님이 조용히 감동을 주셨다. 마치 하나님이 필자에게 "형주야, 넌 기도의 능력을 믿니?" 하고 물으시는 것 같았다. 충격을 받았다. 다른 것은 다 믿어도 잃어버린 노트북은 하나님이 어떻게 하실 수 없을 거라는, 은연중의 견고한 믿음(?)이 있었던 것이다.

순간 그 자리에서 회개 기도가 터져 나왔다. '하나님, 죄송합니다. 하나님을 온전히 신뢰하지 못했습니다. 이제는 기도의 능력을 믿습니다! 잃어버린 노트북도 하나님의 손에 있으니, 주여 역사하여 주옵소서!'

지하철을 타고 오는 내내 이렇게 기도하고 돌아오는데 전화가 왔다. 노트북 서비스센터인데 필자의 친척이 컴퓨터 운영체제를 다시 설치하려고 왔다는 것이다. 그전에 제품의 고객 등록이 된 연락처로 확인 차 연락했다고 했다. 순간 전기가 머리끝부터 발끝까지 흐르는 것 같았다. 필자는 서비스센터 직원에게 지금 그 사람은 내 물건을 가져간 사람이니 신상을 파악해 달라고 했다. 그런데 그사이 노트북을 들고 서비스센터를 찾았던 사람은 노트북과 함께 사라졌다.

그러나 이것은 하나님이 역사하시겠다는 약속의 전조였다. 하나님께 드리는 기도를 신뢰하기 시작하며, 필자는 잃어버린 노트북조차도 온전히 하나님의 손에 있음을 믿음으로 고백하며 기도했다. 이 기도 응답이 수련회를 통해 청년부 공동체 전체에 일으키실 하나님의 역사와 직결되는 느낌이었다.

그렇게 간절히 기도하던 중, 어느 날 메일 한 통이 왔다. 혹시 노트북을 잃어버렸냐는 것이다. 그렇다고 했다. 알고 보니 필자가 쓴《청년리더사역 핵심파일》(홍성사, 2006)을 본 청년이었다. 중고거래 장터에서 자신이 사고 싶은 노트북을 누군가가 괜찮은 가격으로 올려 놓아서 만나 거래를 하려고 노트북을 펴 보았더니, 화면에 곧바로 필자의 이름과 섬기는 교회 이름이 뜨더라는 것이다. 그가 노트북을 팔겠다고 가져온 사람에게 나를 어떻게 아느냐고 물어보았더니 친척 형인데 외국에 가면서 자기에게 이 노트북을 주고 갔다고 둘러댔다. 그래서 필자의 연락처를 수소문해서 메일을 보낸 것이다. 결국, 이 청년 덕분에 필자는 노트북을 되찾았다. 노트북을 받는 순간 "할렐루야!"가 저절로 나왔다.

되찾은 것은 노트북만이 아니었다. "기도의 능력을 믿느냐?"고 도전했던 수련회에 대한 일종의 선취적인 응답을 받은 것이었다. 수련회 때 정말 큰 은혜 중에 하나님의 역사가 일어났다.

청년들이 함께 기도하며 기도의 능력을 확신하도록 하라. 그러면 기도가 달라진다. 의기소침해진 이들의 가슴에 불을 붙이라. 기도에 대한 확신으로 무장시켜라. 우리 교회의 청년들은 기도의 힘을 믿는가?

부르짖는 기도의 힘을 믿으라

청년들이 부르짖어 뜨겁게 기도하도록 하라. 하나님을 향한 갈망이 간절한 부르짖음으로 흘러나오도록 해야 한다. 그러려면 공동체가 함께 모여 간절히 기도하는 부르짖음의 야성을 회복하도록 해야 한다.

함께 기도하라. 부르짖어 기도하라. 부르짖으면 놀랍게 기도의 소리를 뚫고 우리의 영혼을 울리는 성령의 감동과 응답이 임할 것이다. 기도의 온도계가 올라가야 한다.

때로 어떤 사역자는 침묵으로 기도하는 것을 강조하기도 한다. 물론 개인적으로는 하나님께 깊은 침묵 가운데 나아갈 수 있어야 한다. 하지만 함께 모여 기도할 때는 하나님을 향하여 간절히 부르짖으며 기도해야 한다. 청년들이 함께 모여 뜨겁게 부르짖어 기도할 때 공동체에 소망이 생긴다.

기복주의의 편견을 버리라

어떤 청년들은 왜곡된 가르침의 영향으로 간절히 부르짖어 기도하는 것을 기복주의라고 꼬리표를 붙여 거부하는 경우가 있다. 우리는 구걸하듯 기도하지 않아도 된다. 구하기 전에 필요한 것을 하나님이 다 아신다. 하지만 이런 식으로 부르짖는 기도를 거부하면, 점점 신앙생활의 활력을 잃어버린다.

우리가 인정해야 할 것이 있다. 우리는 하나님이 주시는 복 없이는 살 수 없는 존재라는 것이다. 죄가 무엇인가? 하나님이 주시는 자원, 곧 하늘의 복 없이 스스로의 힘으로 필요한 자원을 확보하려는 것이다. 그러다 보니 내 자원의 부족을 느끼고 다른 이가 가진 자원을 탐내는 것이다. 이러한 방식으로 우리는 참된 만족과 의미를 느낄 수 없다. 늘 공허하고 불안하다.

우리는 하나님이 주시는 자원으로 살아갈 때 참된 만족과 평화를 누릴 수 있다. 우리에게는 하나님이 주시는 복이 있어야만 한다. 그 복을 구하는 것은 기복주의가 아니다. 우리는 하나님의 복을 충분히 구해야 하고 맛보아야 한다. 하나님께 복 구하는 것에 당당하자. 어린 자녀가 부모님이 공급하는 것 없이 홀로 살 수 없는 것처럼, 우리도 하나님이 공급하시는 것 없이 살 수 없다. 당당하게 기도하라. 우리의 필요를 하나님께 아뢰는 것이 마땅하고 이왕 아뢰는 것, 간절히 믿음으로 아뢰도록 하라.

기도에 빠지게 하라

매주 청년들과 함께 모여 금요성령기도회를 가졌다. 처음에는 함께 기도할 제목을 주고 기도했는데, 한 1분이 지나자 조용해졌다. 조금 기도하다가 인도자가 기도하기를 기다리고 있었던 것이다. 아마도 기도의 시간을 자신이 간절히 하나님께 아뢰고 믿음으로 구하는 시간으로 삼기보다는, 조금만 기다리다 보면 어떻게든 지나가는 시간으로 대하고 있었던 모양이다.

그래서 이번에는 기도제목을 주고 5분간 기도했다. 처음 청년들은 당황했다. 기도제목 하나 갖고 5분 동안 무엇을 기도해야 할지 모르는 것 같았다. 조금 지나 이번에는 10분간 기도했다. 그러자 놀랍게도 기도가 점점 뜨거워졌다. 10분간 하나의 기도제목을 갖고 간절히 기도하며 점점 기도에 빠졌기 때문이다. 이후 기도 시간을 1시간으로 늘렸다. 그러자 청년들이 지치지 않고 점점 1시간을 기도하기 시작했다. 그리고 예배에 불이 붙기 시작했다.

기도는 그 속에 빠지지 않고는 결코 길게 기도할 수 없다. 집중하지 않으면 3분만 지나도 더 이상 기도할 거리가 없다. 그러나 기도에 빠지면 달라진다. 기도제목 하나라도 여기에 간절함이 더해지며 마음이 뜨거워지고, 뜨거워진 마음으로부터 성령이 주시는 감동으로 기도제목에 대한 다양한 열정이 솟아오른다. 이렇게 기도에 점점 깊이 빠져 기도하다 보면 어느덧 10분이 30초처럼 느껴진다. 30분이 금세 지나간다. 1시간도 짧게 느껴진다.

청년들이 기도에 빠지게 하라. 빠져야 기도의 맛을 안다. 빠져야 기도의 온도가 올라가고 기도를 통한 성령의 능력이 공동체에 임한다.

응답이 올 때까지 기도하고 응답을 서로 축하하라

청년들이 기도에 확신이 생기면 그다음부터 기도 외에는 소망이 없다는 생각으로 간절히 기도하기 시작한다. 응답이 올 때까지 기도하게 하라. 이는 하나님이 응답하시지 않고는 한 걸음도 움직일 수 없다는 고백이기도 하다. 이렇게 하나님의 역사를 경험하기 시작하면, 청년들의 얼굴이 밝아진다. 어떤 일에도 염려와 근심에 빠지지 않고 오직 모든 일에 기도와 간구로 하나님이 응답하실 것을 기대하며 감사함으로 뜨겁게 기도하기 시작한다 (빌 4:6-7).

이러한 기도는 공동체의 토양을 바꾼다. 그저 청년들의 모임이 아니라, 하나님이 살아 역사하시는 청년 공동체라는 확신이 뿌리 내리기 시작한다. 이런 확신이 있을 때 청년들은 자신들의 삶의 환경을 보다 구체적으로 아뢰며 모든 일에 앞서 기도하기 시작한다. 구체적인 염려와 근심을 기도제목으로 바꾸기 시작한다. 구체적이고도 간절한 기도는 구체적인 응답을 낳는다. 구체적인 응답에 청년들은 구체적으로 감사하기 시작한다.

청년들이 서로 간에 자신이 받은 응답을 나누며 축하할 때 공동체의 분위기는 더욱 뜨거워진다. 이런 응답의 나눔과 축하와 격려 속에 '아, 우리 안에 정말 하나님이 살아 역사하시는구나'를 생생하게 경험하고 깨닫는다. 여기서 공동체의 소중함을 느끼고 더욱 뜨겁게 기도하려는 동기를 부여받는다. 서로의 기도제목을 나누며 서로 간에 기도해 주고 함께 뜨겁게 기도하는 공동체가 된다.

기도제목을 나눈다는 것은 자신의 깊은 속사정, 곧 비밀을 나누는 것과 같다. 청년들이 이렇게 할 수 있는 것은 우리가 그리스도 안에서 서로 지체가 되어 서로의 연약한 것을 하나님께 기도로 올려 드릴 때 하나님이 반드시 역사하신다는 믿음이 있기 때문이다. 서로를 위한 기도를 통해 우리는 공동체 상호 간에 서로를 의지하는 신뢰 관계가 자라는 것을 경험할 수 있다.

응답이 올 때까지 함께 기도하는 공동체의 야성을 기르라!

기도의 특별한 계기를 마련하라

청년들에게는 함께 기도하는 경험을 마련해 주는 것이 필요하다. 혼자 기도하라고 하면 뜨겁게 기도할 수 있는 청년들이 많지 않다. 기도하다 그만 지쳐 멈추는 경우가 많다. 뜨겁게 기도하려면 함께 모여 기도하도록 해야 한다. 장작이 모여 탈 때 뜨겁게 타오르는 것처럼 청년들도 모여 뜨겁게 기도로 불타오르게 해야 한다. 그러려면 특별한 기도의 계기를 마련해야 한다. 미리부터 잘 준비하여 동기부여를 하고 기도회로 초청하라. 청년 공동체에서 함께 기도할 수 있는 모임은 다음과 같은 것들이 있다.

- 정기적인 합심 기도회(수요, 금요, 토요, 혹은 주일 저녁 등)
- 예배를 위한 중보 기도회
- 특별한 사역을 앞둔 단기간의 중보기도회(여름수련회, 단기선교, 새가족 초청 잔치를 앞두고 초대할 전도 대상자(VIP)를 위한 기도회 등)
- 청년들의 기도제목을 놓고 함께 기도하는 중보 기도 모임
- 리더들이 청년 공동체의 부흥을 놓고 함께 기도하는 리더 기도 모임
- 특별 새벽기도회

기도회를 함께 가질 때 주의해야 할 것은 모인 청년들의 상태와 상황을 고려하는 것이다. 기도를 많이 해 보지 않은 청년들이

모일 경우, 처음에는 기도제목을 주고 기도하는 시간을 짧게 가져야 한다. 또 찬양도 잘 준비해야 한다. 함께 기도할 때 기타 반주로 할 것인지, 키보드로 반주할 것인지도 고려해야 한다. 하지만 기도에 익숙해지고 점차 기도회의 열기가 더해 가면 좀 더 기도 시간을 길게 가지는 것이 좋다.

____ 관계 속에서 성장한다

성장하는 청년 공동체는 분위기가 다르다. 일단 분위기가 전체적으로 밝다. 청년들의 얼굴에는 미소가 가득하다. 목소리 톤이 높고 적극 반응한다. 어떤 행사나 일이 있으면 눈치 보지 않고 서로가 적극 참여한다. 광고가 나가면 그날 신청이 끝날 정도다. 또한 서로를 아끼고 고마운 지체로 생각한다.

이런 분위기는 청년 공동체의 관계에 풍성한 은혜가 흐르기 때문이다. 은혜는 청년 공동체의 관계를 거룩하게 형성한다. 세상의 관계와는 구별되는 것이다. 이런 공동체 안에서는 기쁘게 자신을 내어준다. 내게 어떤 이익이 있어서 모이는 것이 아니라, 나의 유익을 위해 모든 것을 내어주신 그리스도로 인하여 때론 내가 힘들고 어려워도 기꺼이 지체를 위해 즐겁게 헌신한다.

공동체의 생명력 있는 관계는 그 자체로 청년들을 빨아들이는 매력 포인트다. 안으로 들어갈수록 놀라운 청년들을 발견하는 기쁨은 공동체 생활에 빠져들게 한다. 그리고 이런 관계는 지체들을 사랑으로 더욱 단단하게 결속시킨다.

반면 은혜가 메마른 공동체는 서로에 대한 관심이 없다. 나 혼자 살아남기도 바쁘다. 이를 악물고 힘들게 버티는 이들이 많다. 서로에 대해 무관심하니, 함께하는 행사를 개최하려 해도 반응이 없다. 새가족 초청 잔치를 해도 데려오려 하지 않는다. 데려와도 이런 냉랭한 분위기에 친구가 적응할 수 있을지 자신이 없기 때문이다. 자기 이익에 따라 모이는 끼리끼리의 냉소적인 모임들이 생겨난다.

지금 내가 속한 공동체의 관계는 어떠한가? 생명력이 있는가? 아니면 시들어 가고 있는가? 그렇다면 생명력 있는 공동체, 건강한 관계의 공동체의 특징을 살펴보자.

새가족이 자연스럽게 리더가 된다

공동체에 들어온 새가족이 얼마나 자연스럽게 리더로 세워지는가? 공동체 관계의 건강도는 새가족이 얼마나 잘 적응하여 리더로 세워지느냐를 보면 알 수 있다. 리더는 공동체가 서로를 진정성 있게 환대하고 그들을 격려하고, 또 함께 공동체 섬기기에 초대할 때 서로 어울리며 자연스럽게 배출된다. 끼리끼리 모여 험담하고 노는 문화가 아니라, 함께 모여 양육 받고 섬기는 건강한 문화가 형성되는 것이 중요하다.

관계에 은혜가 흐르고 그리스도의 생명력이 흐르는 공동체는 새가족을 환대하고 얼마든지 리더로 섬길 수 있도록 자리를 내어주는 관용의 문화가 흐른다. 예일대학교 법학과 교수인 에이미 추아는《제국의 미래》(비아북, 2008)에서 고대 페르시아에서 로마제국, 당나라, 몽골제국, 또 현대의 미국에 이르기까지 융성한 제국들을 분석한 결과 그 특징으로 '관용'을 꼽았다.[28] 새로 유입된 제국의 백성들을 얼마나 포용력 있게 흡수하고 정당한 기회를 부여하여 발탁하는가가 중요하다는 것이다.

이는 청년사역에 고스란히 적용된다. 우리 청년 공동체는 새가족에 얼마나 관용적인가? 이들에게 공동체를 섬기고 함께할 수 있는 기회를 얼마나 공정하게 부여하는가?

신앙의 롤 모델이 많이 배출된다

생명력 있는 공동체에는 전설 같은 롤 모델이 많이 배출된다. 닮고 싶은 선배, 닮고 싶은 동기, 닮고 싶은 후배가 생겨나는 것이다. 그렇게 바쁘고 치열하게 살면서도 믿음의 선한 싸움을 포기하지 않고 끝까지 싸워 이겨 나가는 지체들의 모습은 서로를 자극하고 자극 받는다. 그래서 공동체 안에는 선한 경쟁, 선한 믿음의 격려가 많이 일어나야 한다. 지체들 사이에서 일어나는 선한 영향력으로 공동체에는 선한 긴장감이 있다. "하나님이 능히 모든 은혜를 너희에게 넘치게 하시나니 이는 너희로 모든 일에 항상 모든 것이 넉넉하여 모든 착한 일을 넘치게 하게 하려 하심이라"(고후 9:8)라는 말씀이 풍성하게 성취된다.

우리 공동체에는 얼마나 선한 일이 넘치는가? 공동체에 선한 하나님의 일을 향해 열심히 달려가는 좋은 롤 모델들이 있는가?

2부

청년이 없는 청년부를 세워 가다[29]

4장

청년사역,
어디서부터 준비할 것인가

부임한 교회에 청년부가 없다면 청년사역자는 청년 공동체를 세우는 일부터 하게 된다. 청년부를 개척하게 되었는가? 이 길은 외롭지만, 하나님의 크신 역사를 경험할 수 있는 기회다. 이 장에서는 대전 변방의 한 교회에서 청년부를 세울 때의 필자의 경험을 토대로 청년부를 새롭게 세우려는 사역자들에게 열린 방법들을 소개하고자 한다.

____ 작은 관심, 결코 작지 않은 힘 : 접촉점과 교두보 세우기

2007년, 청년부 디렉터로 섬기던 서울의 한 교회를 갑작스레 사임했다. 급격히 악화된 건강 때문이었다. 그해 겨울 청년부 지체 40여 명을 데리고 약 한 달간 아프리카 탄자니아에 단기선교를 다녀왔다. 사역을 잘 마치고 돌아왔는데, 다음 날 아침 교회에서 사역자 회의를 하는 중 몸에 이상 신호가 왔다. 갑자기 열이 끓더니 더 이상 그 자리에 있기가 어려웠다. 곧바로 귀가해 쉬었지만 열병은 한동안 가라앉지 않고 계속 끓었다.

알고 보니 말라리아였다. 아프리카에 있는 동안은 그래도 긴장해서 몸이 병균을 이겨 잘 활동했었는데, 돌아와서는 긴장이 풀렸는지 곧바로 풍토병이 도졌다. 더 이상 체력적으로 버티기가 어려웠다. 갑자기 오한이 찾아오면 온몸이 부들부들 떨렸다. 아무리 이불을 뒤집어써도 추웠다. 이러다 죽겠다 싶었다. 결국 사역을 내려놓고 지방으로 내려가 푹 쉬기로 결정했다. 교회에 사임 의사를 표하자 선임 행정 목사는 후배 목사에게 선의의 충고를 해 주었다.

"양 목사, 그 나이에 지방 내려가면 다시는 서울에 올라올 수 없어. 잘 생각해 봐!"

이 조언을 듣고 필자는 이렇게 대답했다.

"목사님, 하나님의 역사는 변방에서 시작되는 겁니다."

때마침 여러 사정이 생기고 하나님의 신비한 인도하심 가운데 대전에 있는 B대학교 부근으로 내려와 집을 얻었다. 아내는 이곳에서 공부를 이어 가기로 결심하고 편입을 해서 공부를 시작했고, 필자는 캠퍼스를 산책하며 건강을 회복하고 있었다.

그런데 산책을 하면서도 온통 대학생들이 눈에 밟혔다. B대학교는 기독교 학교였다. 이들에 대한 마음이 자꾸만 커졌다. 여기저기를 수소문한 끝에 B대학 교목실과 연결이 되었다. 감사하게도 교목실에서는 다음 학기에 기독교 교양 과목을 강의할 수 있게 허락해 주었고, 필자는 이 기회에 학생들을 틈나는 대로 만날 수 있었다.

이렇게 광야 같은 상황에서도 사역자는 추수할 곳이 많다는 생각으로 하나님이 예비하신 청년 영혼이 많은 곳이 어디인지를 살펴야 한다. 주변의 대학을 살펴라. 신입생들은 언제 오리엔테이션을 하고, 언제부터 새 학기가 시작되는가? 주변의 산업 단지, 비즈니스 단지, 공기업 등을 살펴도 좋다. 신입 직원을 뽑을 때가 언제인가? 언제 신입 직원이 입사하는가? 타지에서 온 신입 직원들이 주로 머무는 원룸 촌이나 기숙사는 어디인가?

또한 주말에 청년들이 많이 모이는 곳이 어디인지 살펴라. 기본적으로 버스 터미널이나 기차역은 주말을 이용하여 이동하려는 청년들로 붐빌 것이다. 또 카페 거리, 영화관이나 쇼핑몰 등 젊은이들이 많이 몰리는 곳을 살피는 것이 좋다. 이들이 어디서 오는지 물어보고 파악하라. 그중에서 교회를 찾는 이들은 없는지 찾아보자.

이런 식으로 추수할 곳을 살피다 보면 주변 지역에 복음을 전할 청년들이 보이기 시작할 것이다. 청년들이 몰리는 곳을 파악하다 보면 추수할 청년들이 의외로 많다는 사실을 깨닫게 될 것이다.

사도 바울의 전도여행 경로를 따라가다 보면 대부분의 경로가 로마의 길을 따라 이루어졌음을 발견하게 된다. 사도 바울은 부름 받고 무작정 복음 전하러 가지 않았다. 사람들의 왕래가 많은 길을 따라 난 주요 도시들을 거점으로 삼고 전략적으로 나아갔다. 청년사역을 개척할 때도 이런 전략적인 접근이 필요하다.

〈 추수할 곳 점검 목록 〉

• 내가 속한 주변 지역에서 청년들이 많이 모이는 곳은?

• 언제 많이 모이는가?

  - 일주일 중 어느 요일?

  - 한 달 중 어느 기간?

  - 1년 중 어느 기간?

- 언제 청년들이 새롭게 많이 몰려드는가?

- 언제 청년들이 많이 떠나가는가?

- 어느 길목을 지켜야 할까?

_____ 청년을 만날 수 있는 곳으로 가라 : 접촉점 확보

청년들이 어디에 많이 있는지를 파악했다면, 이제는 접촉점을 확보해야 한다. 접촉점을 확보하려면 접촉하려는 청년들이 누구인지, 어떤 상태에 있는지, 무엇을 필요로 하는지를 알아야 한다.

예수님도 복음을 전할 때 유대인의 회당을 접촉점으로 삼으셨다. 사도 바울도 마찬가지였다. 회당을 접촉점으로 할 때는 유대인들이 기다리는 메시아를 구약성경으로부터 풀어 이것이 예수 그리스도를 통해 이루어졌음을 설득력 있게 증명하는 것이 효과적인 방법이었다. 이처럼 대상을 알면, 대상의 목마름을 파악할 수 있고, 그들의 필요에 따른 효과적인 전략을 수립할 수 있다.

접촉점 확보 후에는 만남을 시도한다. 만남의 장은 온라인도 좋고, 오프라인도 좋다. 온라인이면 온라인 모임을 활성화한 후 오프라인 모임으로 접촉을 시도해도 좋다.

그 지역 혹은 도시에 신앙을 진지하게 추구하는 이들의 목마름과 필요는 무엇인가? 이들이 함께할 수 있는 온라인 공간을 마련해 보는 것은 어떨까? 때로는 젊은 청년들의 독서 모임도 좋고, 자전거 타기 모임도 좋다.

강남에 있는 한 교회에서는 그 지역 주민을 위한 자전거 타기 모임을 온라인으로 개설하자, 1달 만에 1천여 명에 이르는 주민들이 등록을 했다. 이는 지역 주민들의 필요를 정확하게 파악했기에 가능한 일이었다. 온라인을 통해 1천여 명의 회원을 확보한 후에는 오프라인에서도 지역 주민들과 접촉할 수 있는 많은 기회를 제공한다. 주말에 배드민턴 모임은 어떤가? 산악 모임은 어떤가? 주변의 청년들의 필요를 파악하고 이들과 접촉할 수 있는 다양한 모임을 생각하다 보면 의외로 많은 기회를 만들어 낼 수 있을 것이다.

필자에게 만남의 연결 고리는 학교 수업과 일대일 코칭이었다. 학생들에게 코칭에 대해 간략하게 설명해 주고 진로와 자기 삶에 고민이 있는 학생들의 코칭 상담 신청을 받았다. 수업 후 시간을 약속하여 함께 고민을 나누고 돕겠다고 했다. 그러자 수업을 듣는 30-50%의 학생들이 코칭을 신청했다. 의외로 이런 것에 목마름이 있었던 것이다.

이렇게 만나 일대일로 삶을 나누며 코칭해 나가는 중에, 학생들이 선뜻 이야기하지 못했지만 마음 깊이 필요로 하는 것이 하나 있다는 것을 알았다. 영어 공부였다. 진로를 고민하고 취업을 준비하면서 영어가 이들에게는 넘어야 할 장벽이었다. 어떻게 도와줄까를 고민하다가 토요일에 영어 동아리 모임을 시작했다. 마침 B대학교에 온 좋은 원어민 그리스도인 교수를 알게 되어 그분도 함께 초대하여 모임을 흥미진진하게 이끌어 갔다.

한 학기가 지나자 학생들이 30-40명 정도가 모이게 되었다. 청년사역을 당분간 떠난 줄 알았는데, 광야로 나가니 그곳에서 청년들이 보였다. 눈앞에서 청년들을 만나니 그들을 도울 길이 보였고, 그들을 돕다 보니 함께 모이는 모임이 시작된 것이다.

주변 지역에서 청년들이 목말라하는 사회적, 문화적 필요는 무엇인가? 이 지역에서 청년들의 가장 갈급한 정서적, 지적, 영적 요구는 무엇인가? 교회는 이러한 요구를 어떻게 채워 줄 수 있는가? 대학 캠퍼스에서 접촉점을 확보하는 것도 유용하다. 잘만 하면 적어도 4년은 함께 머물 수 있기 때문이다. 대학생들의 필요가 무엇인가를 파악하라.

이러한 필요를 파악하려면 청년들을 많이 만나며 그들의 이야기를 들어주어야 한다. 필자가 코칭이나 영어 공부를 시작한 것도 이런 이유에서다. 그러나 기억할 것은 영어는 청년들의 필요를 채워 주기 위한 하나의 도구일 뿐이라는 사실이다. 사역자 중에는 분명 영어에 울렁증이 있는 이들이 있을 것이다. 캠퍼스 사역이라고 다 영어를 해야 하는 것은 아니다. 분명한 것은 그들을 만나 대화를 나누고 선의를 갖고 그들을 도와줄 방법들을 찾다 보면 분명 어떤 방식이든지 방법이 보일 것이다. 사역의 방법론과 방향을 결정하기 전까지는 부지런히 학생들을 만나 이야기를 들어 보아야 한다.

〈접촉점 확보를 위한 점검 질문〉
• 주변 지역에 있는 청년들의 구성은 어떠한가?

- 이들에게는 어떤 정서적 필요가 있는가?

- 이들에게는 어떤 지적 필요가 있는가?

- 이들에게는 어떤 관계적 필요가 있는가?

- 이들에게는 어떤 영적 필요가 있는가?

- 이들의 진로, 자아상, 연애와 결혼과 관련한 좋은 모임과 접촉점은 어떻게 마련할 수 있을까?

- 이들의 필요를 채울 수 있는 모임으로 초대하려면 어떤 준비가 필요한가?

_____ 신뢰를 얻는 일이 중요하다 : 코칭으로 관계 세우기

이즈음 서울에 잘 알려진 대형 교회 두 곳과 대전에 있는 교회에서 사역 제의가 들어왔다. 어디로 가야 할까? 사역지를 두고 기도했다. 그런데 마음은 자꾸만 대전에 있는, 그것도 대전 변두리 지역에 있는 한 교회의 사역 초대에 마음이 기울었다. 하나님의 부르심을 느끼며 이곳에서 사역을 시작하기로 결단했다.

새롭게 부임해서 간 교회에는 청년부가 없었다. 알고 보니 전에는 약 30여 명의 청년들이 함께 모였는데, 청년 회장이 이단에 빠져 교회를 비방하고 다니면서 일부 청년들을 포섭해 가는 바람에 와해가 되었다고 했다. 남아 있던 청년들도 청년 회장이 흘린 교회에 대한 온갖 악의적인 거짓 비방으로 충격을 받고 실망하여 흩어졌다.

필자가 이전 교회에서 청년부 디렉터를 사임하기 전 맡았던 청년부가 1,700여 명이었다. 그런데 여기에는 아무도 없었다. 청년부가 사라진 곳에서 다시 청년사역을 시작해야 했다. 그래도 감사한 것은 이제 막 수능을 마치고 대학생이 되는 자매가 한 명 있었다. 그리고 예배만 드리는 직장인 자매가 있었다. 필자는 이 둘을 불러 함께 만나 청년부를 새로 조직하기로 했다. 직장 생활을 하는 자매는 청년 회장, 이제 대학생이 되는 자매는 총무, 이렇게 새로 조직된 청년부는 전 인원이 2명, 전원이 임원을 맡게 되었다. 이렇게 청년부를 조직하고 나서, 어떻게 성장할 수 있을까를 고민하기 시작했다.

교회의 지역적 환경은 좋지 않았다. 여건상 전혀 성장하는 지역이 아니었다. 인구가 주변의 신도심지로 빠져나가고 슬럼화되어 가는 곳이었다. 주변에는 아파트 단지도 없었다. 대부분이 2층집으로 된 주택가였다. 이 지역에 있는 1층 상가들은 절반이 문을 닫은 상태였다. 2층에는 연로하신 어르신들이 주로 많이 살고 있었다. 새로운 인구 유입은 기대하기 어려웠다.

그렇다면 어떻게 청년사역을 일으킬 것인가? 전도밖에는 길이 없었다. 그렇다면 어떻게 청년들을 전도할 것인가? 젊은이들이 유입되는 곳을 찾아야 했다. 교회 주변을 살펴보니 걸어서 약 25분 정도 걸리는 곳에 H대학교가 있었다. 하지만 H대학교 주변에는 이미 대학생들을 선교하려고 모인 교회들이 둘러 진치고 있었다. 게다가 필자가 부임한 교회는 예배실이 지하에 위치해 있었다. 현실적으로 청년들이 이곳까지 온다는 것이 쉽지 않아 보였다. 그럼에도 청년부가 살길은 캠퍼스 전도 외에 방법이 보이지 않았다.

조심스럽게 H대학교 교목실의 문을 두드렸다. 감사하게도 교목실은 매우 호의적이었다. 당시 교목실은 지역 교회와 협력해 캠퍼스 사역을 해 나가려는 의지가 있었고, 이미 다양한 협력 사역을 지역 교회들과 시행하고 있었다. 교목실에서는 필자에게 선뜻 기독교 교양 과목을 맡겨 주었다. 이 과목을 강의하며 필자는 학생들과 만날 기회를 가질 수 있었다.

B대학교에서와 마찬가지로 강의 중에 학생들에게 코칭을 소개하고 원하는 학생들의 신청을 받았다. B대학교의 경우에는 입학한 지 얼마 안 된 학생들이 속으로 많이 힘들어하고 있었다. 상당수 학생들이 B대학교가 아니라 더 상위 대학을 목표로 공부하다가 오는 바람에 학교에 대한 실망감과 열등감, 또 미래에 대한 불확실성과 두려움으로 고민하고 있었다. 코칭은 이런 학생들에게 다가가 그들의 어려움을 공감하고, 격려하고, 용기를 주고, 함께 길을 모색하는 매우 소중한 기회였다.

코칭 경험에 대한 입소문이 나자 점점 많은 학생이 코칭을 신청했고, 많게는 한 과에 50%까지의 학생들이 적어도 1회 1시간에서 많게는 3회 이상 진지한 삶의 고민을 갖고 함께 이야기를 나누었다. 코칭은 그 자체로도 학생들에게 많은 도움을 주지만, 이를 통해 얻은 부수적인 효과들도 있었다.

첫째, 학생들의 신뢰를 얻자 수업 분위기가 훨씬 부드럽고 좋아졌다. 기독교에 대한 교양 과목이라 거부감을 느낄 수도 있었지만, 코칭을 통해 형성된 신뢰 덕분에 수업에 대한 집중도가 향상되었다.

둘째, 코칭을 통해 학생들의 필요가 무엇인지 파악할 수 있었다. 여기서도 학생들의 다양한 필요를 발견할 수 있었는데, 그중 공통적인 필요가 영어였다. 이들과 수업 이후에도 지속적인 관계를 유지하려면 영어 공부에 대한 필요를 채우는 것이 필요했다. 다만, 이러한 일은 구체적인 헌신을 요구하는 일이었다.

셋째, 코칭을 통해 잠자는 대학생들의 신앙을 깨우는 계기가 되었다. 코칭을 하다 보면 과목이 기독교 교양 과목이다 보니 자연스럽게 신앙생활에 대한 이야기가 나온다. 그중에서 고등학교 때까지 신앙생활을 열심히 하다가 대학에 와서 아직 교회를 찾지 못하여 좋은 교회를 찾고 있는 이들이 있었다. 또 대학에 와서 여러 가지 유혹으로 신앙생활을 게을리하던 이들이 있었다. 코칭은 이런 이들을 자연스럽게 교회로 초대할 수 있는 계기를 주었다.

코칭은 캠퍼스에서 학생들을 만나고 신뢰 관계를 형성하는 데 매우 소중한 도구였다. 코칭은 일반적으로 학과에서 시행하는 교수와 학생 간의 상담과는 다르다. 전에 한 공과대학 교수님의 연구실에 들렀다가 학생과 상담하는 내용을 우연히 들을 기회가 있었다.

교수　이름이 뭐지?
학생　네, ○○○입니다.

교수	그래, 학교생활 뭐 어려운 거 없니?
학생	네.
교수	수업은 따라갈 만하고?
학생	네.
교수	공부하는 데 어려움은 없니?
학생	네.
교수	건의하고 싶은 거는?
학생	잘 모르겠어요.
교수	그래, 알았다. 가 봐.
학생	네, 안녕히 계세요!

상담 내내 교수는 학생을 쳐다보지 않고 모니터만 들여다보며 사무적으로 물었고, 학생들이 하는 짧은 대답을 독수리 타법으로 연신 컴퓨터에 입력하기에 바빴다. 알고 보니 그는 학년 담당 교수로서 학기 중에 의무적으로 상담을 하여 일지를 작성해야 했다. 과연 이렇게 하는 것이 어느 정도의 효과가 있을까? 학생들의 마음 문은 잘 열릴까? 그렇다면 코칭적 접근을 알아보자.

교수	그래, 어서 오렴. 만나서 반갑다! 이름이 뭐지?
학생	네, ○○○입니다.
교수	그래. 코칭을 신청하는 것이 용기가 필요했을 텐데, 정말 용기를 냈구나! 참 잘 왔어!

학생   감사합니다.

교수   학교생활은 어떠니? 어려움은 없니?

학생   잘 모르겠어요.

교수   잘 모르겠다고?

학생   네.

교수   그럼, 학교생활을 점수로 말해 볼래? 100점 만점이라고 한다
      면 몇 점 정도를 줄 수 있을 것 같니?

학생   음… 30점요.

교수   그래? 학교생활이 그다지 만족스럽지 않은 모양이구나.

학생   네.

교수   만족하지 못하는 이유가 무엇인 것 같니?

학생   사실은 제가 이 학교에 오려고 계획했던 것이 아니거든요. 수
      능 보기 전에 모의고사 점수는 더 좋았었는데 수능을 망치는
      바람에 할 수 없이 여기에 오게 되었어요.

교수   저런! 많이 아쉬웠겠구나.

학생   네.

교수   그럼 다시 도전해 보고 싶은 미련도 있겠는데?

학생   그렇기는 하지만요, 그냥 다니려구요. 사실, 1년 더 공부해도
      수능을 잘 치를 자신이 없어요.

교수   그렇구나. 그럼 이렇게 시작한 학교생활을 어떻게 하고 싶니?

학생   글쎄요. 여기서라도 후회 없이 잘 보내야겠지요.

교수   그럼 아까 학교생활에 대한 만족도가 30점 정도라고 했는데,

30점에서 100점을 채우기 위해서는 학교생활에 어떤 요소들
이나 변화가 있으면 좋을 것 같아?

학생   100점을 맞기 위해서요? 음, 그러니까….

이때부터 이 학생은 마음을 열면서 자기 마음속으로 끙끙 앓던
학교생활에 대한 고민을 털어놓기 시작한다. 앞서 했던 일반적인
상담 방식과 코칭적 접근의 차이점을 느낄 수 있는가?

첫째, 코칭은 코치가 알고 싶은 것을 물어보는 것이 아니라, 상
대방이 진정 해결하기 원하는 것이 무엇인지를 발견할 수 있도록
돕는다.

둘째, 코칭을 하는 코치는 주로 질문하고 공감하고 인정하고
칭찬하지, 해답을 이야기하거나 조언, 충고 등을 말하지 않는다.

셋째, 코칭은 상대방을 냉정하고 객관적으로 바라보기보다는
커다란 잠재력이 있는 희망적인 존재로 대하며 대화한다. 따라서
코칭을 받는 학생은 코치로부터 자신에 대한 긍정적인 에너지와
신뢰를 받을 수 있다.

넷째, 코칭은 코치가 답을 주는 것이 아니라 스스로가 생각하
고 스스로 대답할 수 있도록 격려한다.

이러한 코칭적 접근은 하나님이 각 사람에게 주신 커다란 가능
성과 은사들을 인정하고 상호 간의 신뢰 가운데 그 안에 잠들어
있는 가능성들을 스스로 일깨워 발견하도록 돕는 것이다.[30]

바울은 디모데에게 이렇게 편지한다. "내가 나의 안수함으로

네 속에 있는 하나님의 은사를 다시 불일듯 하게 하기 위하여 너로 생각하게 하노니"(딤후 1:6).

바울은 디모데를 새롭게 가르치려 하지 않았다. 오히려 바울은 디모데 안에 하나님이 이미 주신 은사에 불붙이기를 원했다. 코칭의 원리가 이와 같다. 하나님이 이미 학생들 각자 안에 많은 것을 주셨지만, 발휘되지 못하고 잠자고 있는 것들을 다시 발견하여 그들을 향한 하나님의 계획이 이루어지도록 깨워 불붙이는 사역이다. 대학교 1학년이 되면 마음이 싸늘하게 식어 잠드는 경우가 많다. 코칭은 이들의 가슴에 다시 불붙이는 사역이다. 코칭은 청년사역을 진지하게 생각하는 사역자들이 반드시 익혀야 할 기술이다.[31]

필자는 캠퍼스에서 만나는 청년들과 일대일 코칭 관계를 세워나가며 이들의 필요에 따라 모임들로 초대하기 시작했다.

_____ **청년들의 현장 속으로 들어가라** : 접촉점과 교두보 강화하기

청년들과의 접촉점을 마련했으면 이제부터는 지속적인 교두보를 마련해야 한다. 교두보란 적의 진지에 아군이 진격할 수 있도록 마련한 발판을 말한다. 교두보를 세울 때는 많은 저항과 방해가 있다. "굳이 그렇게 하는 것이 무슨 소용이 있느냐", "과연 그렇게 할 필요가 있느냐", "해 보았지만 별 반응이 없다" 등 다양한 부정적 반응과 방해 요소들이 있다. 하지만 청년사역자는 신중하게 기도하며 계속해서 교두보를 강화하는 일에 게으르지 말아야 한

다. 세우는 것은 어렵지만, 허무는 것은 하루아침에도 가능하다.

처음 교두보를 세울 때는 외롭고 힘들다. 그러나 계속 감당하다 보면 이 사역을 이해하고 함께 도울 수 있는 이들이 붙게 된다. 청년사역자는 낙심하지 말고 열매를 거둘 때까지 지속적으로 교두보를 세우는 일에 헌신해야 한다.

청년사역자는 동시에 교두보가 매력적으로 보이도록 잘 포장해야 한다. 물론 내용도 좋아야 하지만 어떤 방식으로 어떻게 다가가느냐가 매우 중요하다. 청년들이 호감과 관심을 느낄 수 있도록 고민해 보라.

한번은 교회에 나오는 청년과 이야기하다가 교두보를 세우기에 정말 괜찮은(?) 아이디어가 하나 나왔다. 그것은 교회 부근의 캠퍼스에 있는 대학생들이 정말 많은 시간을 쏟으며 헌신하고 있는 PC게임을 활성화하여 교회 옆에 있는 동네 축구장에서 대형 광고풍선을 띄워 놓고 게임 대회를 개최하는 것이었다. 청년들은 만약 교회에서 상금을 걸고 게임 대회를 광고하면 교회로 1,000명은 족히 몰릴 것이라고 했다. 동네 PC방들의 협찬을 받고 야외 특설 무대와 조명을 마련하여 대학생들이 정말 몰두하는 게임을 양지로 끌어내 교회가 인정해 주고 격려하는 것은 파격적일 수 있겠다는 생각이 들었다. 게다가 이 게임 실황을 아프리카 TV로 중계하면 더 많은 관심을 갖고 흥행(?)할 수 있으리라는 생각이 들었다.

하지만 이 아이디어는 청년들과의 갑론을박 끝에 포기했다. 교회가 하기에는 덕이 되지 못한다는 반론들이 만만치 않았다. 하지만 이런 것들도 청년들과의 만남을 매개하는 교두보로 삼을 수 있음을 고려했다는 것 정도로만 참고하면 접촉점과 교두보를 확보하는 데 자극이 될 것이다.

청년사역을 개척하기 위한 지속적인 교두보는 어떻게 세울 수 있을까? 일단 현장으로 깊이 들어가야 한다. 그리고 현장의 소리를 다양하게 들어야 한다. 그중에서 사역자의 가슴을 울리는 부분을 붙들고 기도하며 찾으며 문을 두드려야 한다(마 7:7-8). 그러다 보면 간절히 구하고 문을 두드리는 사역자 앞에 가능성이 보이기 시작할 것이다.

그 가능성을 실험하고 더 깊이 파고들어가 보라. 점점 접촉점이 늘어나고 교두보가 강화될 것이다.

필요 중심의 열린 모임으로 초대하기

H대학교 학생들과 코칭을 하면서 이들이 영어 공부에 자극을 받고 꾸준히 공부할 수 있도록 격려하는 모임의 필요성을 절감하게 되었다. 그래서 B대학교에서 했던 것처럼 학생들이 신앙의 유무와 상관없이 함께 모일 수 있는 열린 모임을 시작했다. 리더십과 기독교적 가치관을 주제로 한 영어 모임이었다.

학기 중 매주 목요일 저녁 7시부터 9시까지 학교의 분위기 좋은 건물을 빌려 모임을 가졌다. 모임의 이름은 '리더가 되라'(Be The Leader)는 말의 약자로 'B.T.L.'이라고 붙였다. 영어로 서로를 소개하고, 짧은 영어 강의도 하고, 그 강의 주제를 서로 대화하며 나눌 수 있도록 했다. 영어 강의는 학교에 재직하는 신실한 그리스도인 교수들과 접촉하여 이들을 초대해 들었다. 또 이곳에 선교적인 마음으로 가르치러 온 교수들도 초대했다. 필자도 강의를 맡아 모임을 진행했다. 시간이 지나면서 학생들의 자발성과 용기가 조금씩 살아나자 영어로 진행하는 일을 맡기고, 소그룹을 조직했다.

더 나아가 이들의 영어에 대한 필요를 적극적으로 채워 주기 위해 아침 모임을 조직했다. 영어 실력은 하루아침에 늘지 않는다. 좀 더 도전적인 모임이 필요했다. 선교단체가 아침에 큐티 모임을 하는 것처럼, B.T.L.도 매일 오전 8시에서 8시 50분까지 학교 강의실 하나를 빌려 영어 원서 읽기 모임을 진행했다. 10-20명의 학생들이 꾸준히 참여했다. 필자는 새벽기도를 마치고 캠퍼스로 나와 모임을 인도했다. 당시 캠퍼스에 있는 선교단체의 아침 모임도 열 명이 모이기가 쉽지 않았다. 이런 면에서 아침 모임은 활발하게 운영되는 편이었다.

만남의 기회를 늘리기

목요일 저녁 모임과 아침 모임이 정기적으로 운영되면서 더 많은 학생들을 모임으로 초대할 수 있으면 좋겠다고 생각했다. 그렇게 해서 모색한 기회가 대학교에 있는 학기 초의 채플이었다. 학교에서 감사하게도 채플에서 설교할 기회를 허락했고, 이 기회를 십분 활용하여 학생들을 모임에 초대했다. 채플은 학교 학생들 전체를 만날 수 있는 절호의 기회였다.

채플 설교를 마치면 B.T.L.을 소개하고 초대했다. 모임에 참여하기 원하는 학생들은 앞으로 나와 신청서를 적고 가라고 하면 30-40여 명의 학생들이 신청해 주었다. 이들에게는 개별적으로 연락하여 캠퍼스 정기 모임과 아침 모임에 초대했다.

또 학기 초에는 한 달에 한 번씩 있는 전체 기숙사 채플에도 가서 설교를 했다. 이와 동시에 교목실의 허락 아래 기숙사의 스터디 룸을 빌려 매주 수요일 저녁 9시에 정기적인 기숙사 성경공부 모임을 시작했다. 수요일 저녁 기숙사에 아무런 예배나 기도 모임 같은 것이 없었기에 해 볼 만하다고 생각했다. 학교 수업과 전체 기숙사 채플에서 만난 이들 중 관심 있는 이들을 초대했다. 이는 영어에 울렁증이 있지만, 신앙생활을 계속하고 싶어 하는 이들을 위해 마련한 모임이었다.

기숙사 수요 성경공부는 10여 명이 함께 모여 공부했고, 이들 중 좀 더 본격적인 신앙생활에 관심 있는 이들을 교회로 초대했다. 기숙사 전체 채플에서는 대학생활의 도전과 비전에 관해 설교한 후 관심 있는 이들을 B.T.L.에 초대했다. 할 수 있는 대로 학생들과 접촉할 수 있는 기회를 자꾸 늘리며 이들을 열린 모임으로 초대했고, 모임은 점점 커져 40-50명, 많게는 70여 명까지 모이게 되었다. 때로는 유명 영어학원 강사를 초대하여 영어 공부법에 대한 특강도 듣고, 학생들이 쉽게 만날 수 없는 유명 경영인,

코치 등을 초대하여 이야기를 듣고 도전도 받았다.

B.T.L.이 영어를 준비하는 모임이면서 건강한 기독교 세계관을 바탕으로 한 모임이다 보니 학생들은 이곳에서 따뜻함과 위로, 자극을 주는 묘한 매력에 끌리기 시작했다. 이 모임에 점점 열정적으로 참여하고 헌신하는 이들이 생기기 시작했다. 그러면서 외국에서 온 학생들도 다른 친구들의 초대를 받아 이 모임에 참여하기 시작했고, 모임은 점점 국제적인 성격을 띠게 되었다. 명확한 신앙공동체는 아니었지만 그 안에 공동체로서의 동력이 서서히 생긴 것이다. 이제는 모임을 좀 더 공고히 할 필요가 있었다. 그래서 생각한 것이 첫째는 방학 중 집중 훈련이었고, 둘째는 동아리를 신청하는 것이었다.

방학 중 집중 모임

방학에 들어가기 전, 여름방학 때 한 달간 하루 종일 영어 공부에 올인하는 프로그램 '인텐시브'를 계획했다. 아침에 일어나서 어휘, 문법, 독해, 리스닝, 영어성경 등을 하루 종일 공부하는 프로그램을 계획하여 학생들에게 도전했다. 정말 열매를 맛보고 싶다면 무더운 여름에 한번 대가를 치러 보라는 것이었다. 그러자 놀라운 일이 일어났다. 30여 명의 학생들이 방학에 남아 공부하겠다는 것이다! 이런 과정을 통해 서로를 격려하고 이끌어 주는 동료애가 싹트기 시작했다.

여름 인텐시브 후에는 함께 설악산으로 1박 2일 수련회를 갔다. 신앙적 색채를 거의 띠지 않았지만, 기독교적 세계관과 정서가 녹아든 따뜻하고 특이한 다국적 성격의 수련회였다. 이 수련회에는 다른 나라에서 교환학생으로 온 학생들도 함께 참여하여 모임 중에 자연스럽게 영어와 한국어를 번갈아 사용하며 가까워졌다.

이런 과정을 통해 서로를 격려하고 도전받고 도전하는 공동체 의식이 싹트기 시작했고, 선배 중에는 성실하게 준비하여 해외로 교환학생을 나가는 이들이 생기기 시작했다. 또 졸업 후 해외 대학으로 나가 공부하는 이들도 있었다. 이러한 과정들은 함께하는 학생들에게 많은 도전과 자극을 주었다.

동아리 등록 및 동아리 방 확보

B.T.L. 모임을 학교 내에 보다 공식화하고 활동의 공신력을 얻기 위해 동아리 신청을 했다. 총동아리협의회에서는 이런 요청을 받아 주었고, 가동아리 기간을 거쳐 공식 동아리로 인정을 받았다. 그리고 동아리 방을 배정받았다. 학생들이 이곳을 자유롭게 드나들며 공동체 활동을 더욱 공고히 하도록 했다.

이상으로 살펴본 것처럼 필자는 캠퍼스에 들어가 할 수 있는 한 대학생들과 접촉 기회를 다양한 방법으로 넓히고 이들의 삶에 선한 영향력을 끼치기 위해 열심히 뛰었다. 감사하게도 하나님이 이런 필자를 긍휼히 여기셔서 곳곳에 캠퍼스 선교의 문을 열어 주셨고, 다양한 학생들을 만날 수 있는 기회를 허락하셨다. 학교 강의, 일대일 코칭, B.T.L. 동아리 모임, 캠퍼스 채플, 기숙사 채플, 기숙사 수요 성경공부 등을 위해 캠퍼스를 활보하다 보니 점점 익숙한 얼굴들이 많아지기 시작했다. 만나면 서로 반갑게 인사하는 친구들이 늘어났다. 이처럼 다양한 접촉점을 통해 학생들과의 모임이 빈번해지며 캠퍼스 사역의 교두보가 넓어지기 시작했다.

_____ 청년들과 목표를 공유하라 : 진지 구축하기

열린 모임을 통하여 교두보를 견고히 하면 서서히 진지가 구축될 것이다. 열린 모임 자체에 헌신하며 이 모임을 즐거워하는 이들이 생겨난다. 여기서 열린 모임이 추구하는 핵심 가치가 중요하다. 분명한 가치가 없으면 열린 모임은 단지 청년들을 포섭하여 교회로 데려오려고 하는 중간 기착지로만 머물 수 있기 때문이다. B.T.L.의 경우 핵심 가치가 '영어를 매개로 하는 미래 세대의 리더십 함양'이었다. 이러한 가치를 구현하기 위해 다음의 세 가지 전략을 취했다.

첫째, 글로벌 리더십과 미래의 꿈을 성취하기 위한 도구로서의 영어 공부
둘째, 해외로 뻗어나가는 청년 리더십으로서의 교환학생 및 유학 장려
셋째, 건강한 기독교적 가치관에 기초한 리더십 공동체 형성

이러한 핵심 가치의 공유는 B.T.L.을 방문하는 대학생들에게도 매력적이었고, 또 B.T.L.을 도와주려는 외국인 그리스도인 교수들에게도 호감을 주었다. 그래서 여러 신실한 외국인 그리스도인들이 자원하여 B.T.L.을 도와주었고, 이를 통해 B.T.L. 모임은 더 풍성한 나눔과 교제와 함께 영어 공부의 유용한 기회들을 많이 제공해 주었다.

B.T.L.을 거쳤던 많은 학생이 다 교회로 초대된 것은 아니다. 여전히 신앙에 대해 관심이 없거나 거부감이 있는 학생들은 B.T.L. 안에서 좋은 관계를 갖고 선한 영향력을 끼치도록 도왔다. 또 그들의 미래를 개척하고 관심사를 계발하는 것을 도왔다.

기억할 것은 교두보와 진지를 구축하는 데 있어 꼭 기독교적 색깔을 빼야 하는 것은 아니라는 점이다. 교두보와 진지에 아예 진지한 기독교적 색깔을 입혀도 된다. 이 경우 접촉 대상이 고등학교까지 신앙생활을 하던 이들이 된다. 캠퍼스에 와서 새로 진지하게 신앙생활을 하고 싶은 이들, 또 성경 자체를 진지하게 알고 싶은 이들을 대상으로 진지를 구축해도 좋다. 캠퍼스 선교단체가 대부분 이런 식으로 접근하고 있다.

필자는 한때 기독교 변증으로 대학생들에게 다가가는 선교단체를 고민했던 적이 있다. 성경에 대한 궁금증을 해소하지 못하는 대학생들, 또 기독교와 과학의 관계로 어려워하는 이들이 의외로 많기 때문이다. 이들을 위해 성경에 대한 궁금증, 고통의 문제, 지옥의 문제, 과학과 종교의 문제 등 다양한 변증적 주제를 심도 있게 토론하고 공부할 수 있는 단체가 있다면 참 좋겠다는 생각을 한 적이 있다. 비록 실행하지는 못했지만 그 당시 4년 치의 커리큘럼을 기획하고 진지하게 모임을 준비했었다.

_____ 무조건적인 방식은 통하지 않는다 : 공동체로 초대하기

캠퍼스에서 활동하며 학생들을 만나다 보니 타지에서 대전으로 와 교회를 찾는 이들이 의외로 많았다. 필자는 그들을 부지런히 교회로 초대했다. 아직 청년부 공동체 예배가 제대로 갖추어지지 않았기에 이들을 주일 대예배로 초대했다.

B.T.L. 활동을 하다 보면 학생들은 필자가 목사임을 자연스럽게 알게 되었다. 하지만 그들을 전도하거나 포섭하려 하기보다는 그들을 도와주려는 사람으로 인식하고 있었기에 경계하지 않았다. 포섭하려는 느낌을 가지면 이들은 당장에 공동체와 거리를 두기 때문이다.

캠퍼스에서 만난 대학생들 중에서 고등학교 때까지 신앙생활을 하던 이들은 관계를 통해 자연스럽게 교회로 인도되어 예배를 드리게 되었고, 또 비록 신앙생활을 해 보지 않았던 이들이라도 이따금씩 교회 공동체를 경험할 수 있도록 초대했다. 교회의 바자회, 성탄절과 같은 특별한 행사 때 이들을 교회에 나오는 B.T.L. 지체들과 함께 초대했다.

이렇게 교회에 청년들이 점차 늘어나면서 청년부 공동체가 조금씩 형성되기 시작했다. 매 학기가 끝날 때쯤이면 교회의 청년들, 그중에 H대학교에 다니는 청년들과 B.T.L. 활동을 하는 불신자 청년들을 사택으로 초대하여 함께 즐거운 시간을 갖고 서로를 알아 가고 관계를 맺도록 했다. 신앙생활을 전혀 해 보지 않았던 한 대학생은 교회를 방문하고 사택에 와서 교회 청년들과 함께 시간을 가진 후에 이렇게 소감을 말했다. "교수님, 술 먹는 거 빼고 이렇게 재미있고 친밀감 있는 시간은 처음이었던 것 같아요. 정말 좋은 시간 보낼 수 있도록 배려해 주셔서 감사합니다!"

캠퍼스와 교회 청년 공동체 사이의 교두보가 점점 확보되자 자연스럽게 둘 사이의 가교가 세워졌다. 캠퍼스 사역을 통해 교회에 나오기 시작하는 청년들이 늘어나기 시작했다. 첫해에 교회를 방문한 청년들이 75명이었고, 이 중에서 함께 공동체에 등록하여 신앙생활을 시작한 이들이 53명 정도였다. 그다지 크지 않은 교회의 지하 예배실은 어느덧 청년들로 가득차게 되었다. 이것은 작지만 놀라운 기적이었다. 척박한 광야 같은 변방에 서서히 오아시스와 같은 청년 공동체가 세워지고 있었다.

열린 모임의 진지가 잘 세워져서 신앙에 마음이 열린 이들이 생겨날 때 이들을 공동체로 초대할 수 있다. 중요한 것은 초대이지, 강권이나 강요가 아니라는 사실이다. 젊은이들에게 강요에 가까운 압박은 거부감을 일으킨다. 초대도 기회를 보고 정말 적절할 때 한두 번 정도 하지 계속하는 것이 아니다.

교회에 한 번도 걸음을 내딛지 않았던 이들이 계속해서 교회에 오는 것은 매우 어려운 일이다. 교회로 오기에 장벽이 너무 높고 부담이 심히 크다. 하지만 열린 모임에서 이들과 긍정적인 관계를 형성한 이들이 교회에 있다면 장벽은 낮아진다. 따라서 교회와 열린 모임 사이에 다양한 모양의 관계성을 형성하는 것이 좋다.

이때 교회의 역할도 중요하다. 이들이 교회에 와서 의미 있는 시간을 보내려면 이들의 고민과 눈높이에 맞는 예배와 메시지가 준비되어 있어야 한다. 공동체가 이런 준비 없이 기존 신자들이 듣기에도 힘들고 추상적인 메시지만을 선포한다면 초대하지 않는 것이 낫다. 이들에게는 예상대로 교회는 역시 재미없고 따분한 곳이라는 확신을 주는 학습 강화 효과가 일어나기 때문이다. 따라서 불신자들을 교회로 초대하기 전에 청년 공동체가 얼마나 불신자에 민감한 공동체인지를 점검하고 준비할 필요가 있다.

〈불신자 민감 지수 체크리스트〉

- 교회를 처음 방문한 이들을 알아보고 환대하는가?
- 교회를 방문한 이들의 상황을 알고 이들과 함께 예배드릴 수 있는 이가 있는가?
- 예배 후 식사를 함께 하며 이야기를 나눌 상대가 있는가?
- 예배가 불신자가 처음 드리더라도 헤매지 않고 자연스럽게 잘 녹아들 수 있는가? 또는 잘 녹아들도록 도와줄 수 있는 지체가 있는가?
- 처음 방문할 때 주변에 가까운 지인을 소개받는가?
- 담임목사를 만나 인사를 나누도록 누군가가 안내하는가?
- 불신자와 비슷한 형편(나이, 학교, 전공, 직장 등)에 있는 이들을 소개할

수 있는가?

- 설교자의 메시지가 불신자가 들어도 자신의 삶에 적합성을 갖는가?
- 설교자의 설교가 졸리지 않고, 집중할 정도의 재미 또는 흥미가 있는가?
- 처음 방문할 때 공동체 전체가 밝은 분위기로 매력을 발산하는가?

____ 새로운 접근을 생각하라 : 캠퍼스 예배 개척

때로 청년 공동체 개척은 모교회의 전폭적인 지원과 캠퍼스 선교단체와의 협력으로 시작할 수도 있다. 대전도안교회에서는 전에 대전 근교에 있는 한 대학교에 주일 오후 4시에 캠퍼스 예배를 개척했다. 계기는 그 대학 교수로 있는 집사님이 본인이 가르치는 과 학생들의 상황을 듣게 되면서였다.

집사님은 주말이 되면 예배에 참여하지 않고 그냥 숨어 있는 그리스도인들이 꽤 있다는 이야기를 듣고 안타까운 마음에 그냥 있을 수 없었다. 먼저 캠퍼스의 보다 구체적인 상황을 그곳 캠퍼스 선교단체 간사를 통하여 들었다. 캠퍼스 예배 날짜를 정하고 홍보지를 만들어 몇 주에 걸쳐 교회 전도팀이 캠퍼스에 들어가 대학생들에게 홍보를 했다. 장소는 캠퍼스 선교단체의 동아리 방으로, 주일에는 사용하지 않기에 양해를 구하고 사용하기로 했다. 찬양인도자를 세우고, 대학의 그리스도인 교수님들께 사정을 이야기하고 아는 학생들 중 신앙생활을 하지 않고 쉬는 이들이 있다면 보내 주실 것을 요청했다. 그리고 예배를 시작하는 처음 몇 주간은 교회에서 신혼부부와 일부 청년들이 개척 지원을 위해 함께 예배를 드리고 간식을 준비하고 섬겨 주었다.

캠퍼스 예배 개척의 또 다른 형태도 있다. 캠퍼스에 들어가 캠퍼스 선교단체를 적극적으로 지원하고 도우면서 여기서 교회를 찾는 이들을 위해 예배를 시작하는 경우다. J목사의 경우, W대학에 들어가 이러한 캠퍼스 연합 사역을 이끌고 마침내 대학교회를 세우는 데까지 이르렀다. 그는 캠퍼스를 돌며 간사들을 격려하고, 각 선교단체의 수련회 때 필요한 차량과 간식을 지원하는 등 캠퍼스 선교단체의 좋은 친구가 되어 주었고 이를 통해 캠퍼스 예배가 시작될 수 있었다.

중요한 것은 캠퍼스의 필요가 눈에 보이는 것이다. 보이기 시작하면 구체적인 방법을 고민하고 실행 계획을 세울 수 있다.

5장

청년부,
어떻게 앞으로 나아갈 것인가

변방에서 시작한 캠퍼스 사역을 통해 꽤 많은 청년이 유입되고, 교회학교에서 고등학교를 졸업하는 학생들이 생겨나며 교회는 점점 청년들로 채워지고 있었다. 이제는 청년 공동체를 세우기 위해 구체적인 청년사역 엔진을 활용할 때가 되었다.

___ 새로운 청년이 다시 교회에 나오려면

학교에서 필자가 섬기던 교회까지 걸어서 25분 정도가 걸렸다. 버스 편도 제대로 된 것이 없었다. 캠퍼스 주변에 크고 작은 교회들도 많았다. 그럼에도 이런 거리를 극복하고 여러 청년들이 기꺼이 나아오는 이유는 무엇이었을까? 청년 공동체가 성장할 때 교회를 찾아오는 청년들은 먼 거리의 장애를 다음과 같은 두 가지 동기로 극복한다.

첫째, 신뢰 관계를 통해서다. 사실 이는 관계성이 형성되지 않고는 불가능하다. 청년들은 자신의 존재감을 인정해 주는 사람, 자기를 환대해 주는 사람, 내가 잘되기를 바라고 적극 도와주는 사람이 있다면 마음을 활짝 열고 거리를 마다하지 않는다. 이때는 잘만 붙들어 주면 공동체에 뿌리를 잘 내릴 수 있다. 실제로 이런 청년들에게 신앙의 열정이 심겨지자 방학 때 새벽기도회에 함께 나오는 청년들이 생겼을 정도다.

H대학교에서 사역할 때 한 비그리스도인 대학생이 B.T.L.에 들어와 열심히 활동을 했다. 그 청년은 H대학교 전교생 채플 때 만났다. 대학생 생활을 도전한 후 B.T.L.을 소개한 후, 젊음의 때

에 열정적으로 도전하고 싶으면 채플 후에 앞으로 나와 이름을 남겨 달라고 했다. 그러자 이 청년이 얼굴이 붉게 상기되어 앞으로 뛰어나왔다. 무력하게 방황하던 자신의 삶에 큰 도전이 되었다며 B.T.L.을 열심히 해 보고 싶다는 것이었다. 그것이 계기가 되어 이 청년은 나중에 B.T.L. 회장을 맡았고, B.T.L.을 안정적으로 이끌어 가는 데 큰 힘이 되었다.

그러는 중에 자연스럽게 교회에도 출석하게 되었는데, 한 1년 정도를 나오다가 자기의 친한 친구를 교회로 초대했다. 그의 집은 천안이었고 학교가 공주여서 교회에 한두 번 나오는 정도였다. 그러다가 B.T.L. 여름수련회에 초대되고 그 자리에서 예수님을 영접했다. 이후 비록 학교가 공주였지만, 매주 교회에 꾸준히 출석하기 시작했고, 결국 공동체에 깊게 뿌리내렸다. 여기서 자매를 만나 결혼도 했고, 지금 필자가 섬기는 교회의 든든한 집사가 되어 견실한 믿음의 가정을 꾸려 가고 있다.

둘째, 담임목사가 잘 알려져 있거나 공동체가 외부에 이미 소문이 나 있기 때문이다. 이런 경우는 보통 공동체 규모가 크기에, 그 규모로 인해 자부심을 갖는 경우가 많다. 그러나 그 안에 관계성이 깊이 뿌리내리지 못하고 익명의 그리스도인 청년으로 남기 쉽다. 문제는 익명의 그리스도인으로 다니다 보면 뿌리가 깊지 못해 조금만 어렵고 힘든 일이 있으면 신앙생활을 멈추기 쉽다는 점이다. 할 수 있는 한 그 안에서 깊이 있는 관계를 뿌리내려야 한다.

_____ 청년 예배가 아니어도 괜찮다

그동안 필자가 경험했던 청년사역 현장은 별도의 독립적인 청년 예배가 있었다. 150-500명 규모의 청년 예배, 1,000여 명의 청년 예배, 그리고 2,000명 정도의 청년 예배와 공동체를 각각 경험했다. 이 경우는 정말 특별한 은혜가 있었기에 가능했다. 청년부 배후에 견실한 교회의 든든한 뒷받침이 없이는 불가능한 사역이었다.

대전 변방의 한 교회에 새롭게 유입된 청년들과 교회에 남아 있는 소수의 청년들과 함께 청년부 공동체를 세워 가는 데 있어 가장 아쉬운 부분이 바로 독립적인 청년 예배가 없다는 점이었다. 그러나 이미 어느 정도 청년들과 신뢰 관계가 형성되어 있었기에 청년들을 장년 예배에 흡수하여 함께 예배드리는 것에는 큰 무리가 없었다. 청년들이 드리던 예배는 전통적인 장로교 예전으로 드리는 예배였다. 예배 인도자와 청년들 사이에 신뢰와 친밀감이 형성된 가운데 전통 예전에 집중하며 예배자들을 예배로 초대할 때, 청년들은 예배 가운데 임하는 하나님의 임재와 말씀의 능력을 경험할 수 있었다.

신앙생활을 처음 하는 청년들에게는 도리어 전통적인 예전이 교회에 무리 없이 적용하는 데 도움이 된다. 오히려 처음 오자마자 뜨거운 찬양과 열정적인 기도의 현장을 만났다면 거부감을 가질 수도 있었을 것이다. 청년들이 장년 예배에 함께 녹아들며 변화되는 것을 보며, 독립적인 청년 예배가 아니라도 괜찮다는 생각을 했다.

청년들이 드리는 예배를 고려할 때 예배의 독립 여부보다 더 중요한 것이 있다. 바로 예배의 역동성(dynamics)이다. 청년부가 성장하면서 대예배 중에 청년 인원이 50명이 넘어가자 청년들 중에 독립적인 예배를 드리면 좋겠다는 건의가 있었다. 청년들끼리 함께 뜨겁게 예배드리고 싶다는 것이었다. 이러한 건의에 대해 필자는 다음과 같은 점들을 고려했다.

첫째, 청년 예배를 별도로 드린다면 50명이 모두 청년 예배를 드릴까? 이 부분을 고려하는 이유는 이미 경건한 전통 예전에 익숙해진 청년들에게 소리 높여 찬양하거나 기도하는 열정적인 예배가 다소 부담스러울 수 있기 때문이다. 청년들은 열정적인 것을 좋아하지만, 처음 신앙생활 하는 청년의 경우 도리어 열정적인 것이 다소 광신적인 것으로 보일 수 있다. 전통적인 예전은 잘만 드려지면 그 자체로도 충분한 매력이 있다. 청년사역자는 전통 예전이 가지는 장점에 대한 자신감과 확신이 있어야 한다. 예전을 중시하는 예배도 성령의 임재가 충만하고 예배 가운데 임하시는 주님을 경험할 수 있다.

둘째, 청년 예배를 별도로 드릴 때 시간이 오후로 배정되어야 하는데, 오후 시간에 50여 명의 청년이 모두 다 시간을 낼 수 있을까? 오후에는 저마다 개인적인 일정이 있다. 학교 과별 모임, 과제를 위한 조 모임도 오후에 많이 있다. 특히 중간, 기말고사 기간에는 초신자의 경우 상당한 부담이 될 수 있다. 이렇게 볼 때 예배 시간으로 따지면 오전 11시 장년 예배가 나름대로 매력적인 시간이었다. 공동체가 성장하려는 때에 예배 시간을 옮기면 도리어 분산되는 효과가 나타난다.

셋째, 청년 예배를 별도로 드릴 때 장년들과 함께 예배당을 꽉 채워 드리던 예배의 역동성이 과연 살아날 수 있을까? 당시 장년과 함께 드리던 주일 대예배는 장년과 청년의 구별 없이 모두 예배를 사모하고 은혜를 갈망하는 마음으로 모였다. 그렇기에 그리 큰 공동체는 아니었어도 예배에 은혜가 있었고 역동성이 있었다. 이곳에 임하는 충만한 은혜와 역동성을 청년 예배에서도 경험하려면 상당한 정도의 시행착오가 필요하리라 생각했다.

게다가 처음 교회를 방문하는 청년의 경우에는, 예배공동체의 규모가 40-50명보다는 적어도 100명 이상일 때 안정감을 느낀다. 처음 드리는 예배에서는 많은 경우 자신을 드러내지 않고 익명성에 숨어 예배드리기를 원한다. 만약 청년 공동체 예배를 별도로 드리면 대예배도, 별도의 청년 예배도 모두 예배 동력이 시들하게 된다. 이렇게 볼 때 공동체가 성장하는 국면에 새롭게 작은 청년 공동체 예배를 시작하는 모험을 하기보다는 현재의 동력을 계속 살리는 것이 더 낫다고 생각했다.

넷째, 청년부 지체 간의 교제가 필요한 경우라면, 대예배 후 별도의 청년부 공동체 모임을 통해서도 충분히 그 필요를 채울 수 있지 않을까? 필자가 섬기던 교회의 경우, 청년들은 대예배 이후 오후 예배 참여보다는 청년부 공동체 모임을 할 것을 독려했다.

대예배를 드리고 함께 식사를 나눈 후 청년들끼리 모여 중그룹 모임을 하고, 이어 소그룹 나눔을 한 것이다. 소그룹 나눔은 주일 대예배 설교 내용을 나누도록 질문을 몇 가지로 만들어 주보에 실었다.

청년부 중그룹은 H대학교 선교단체 간사 출신 C전도사에게 맡겼다. C전도사는 오전에 아동부를 담당하고 오후에는 청년부 공동체를 담당했다. 아동부 예배는 오전에 끝나기 때문에 오후에는 가능한 설교 부담을 주지 않고 선교단체 간사의 경험을 살려 청년 공동체를 친밀하게 하나로 엮도록 했다. C전도사는 선교단체 경험을 살려 청년들 속에 들어가 그들과 하나 되며 공동체를 세우는 데 묵묵히 헌신했다.

결국, 여러 고민을 통해 별도의 청년 예배를 드리지 않기로 결정했다. 우려와는 달리 대예배는 청년들을 흡수하고 정착시키는 결정적인 역할을 했다.

청년 공동체가 성장해 가고 있지만, 교회가 지원할 자원이 많지 않을 때가 있다. 별도의 독립적인 예배도 없고, 공간도 넉넉지 않고, 담당 교역자도 제대로 지원되지 않을 때다. 이럴 때는 있는 환경을 최대로 활용하여 공동체성이 형성될 수 있는 계기를 마련해야 한다.

특히 작은 청년 공동체의 경우, 대예배에 대한 자부심을 가질 필요가 있다. 청년 예배가 별도로 있다면 좋겠지만, 그렇지 않더라도 대예배만으로도 청년들이 계속해서 모이고 잘 정착할 수 있는 통로가 될 수 있다. 그렇다면 지금 현재 드리는 대예배를 더욱 역동적으로 은혜롭게 드릴 수 있는 방안을 강구하는 것이 별도의 예배를 고민하는 것보다 나을 수 있다.

___ 수련회가 변화의 기점이다

청년부가 점점 모여 공동체성을 형성하고, B.T.L.도 구성원들이 늘어나고 있을 때 이 두 공동체가 하나 되어 친해지고 또 같이 하나님의 말씀으로 은혜 받는 진지한 기회가 없을까를 고민했다. 그래서 내린 결론이 '해비타트 집 짓기 수련회'를 함께 갖는 것이었다.

대학생들의 경우 어차피 학교에서 졸업 요건으로 요구하는 봉사 점수를 채워야 했기에 해비타트 자원봉사는 선뜻 나설 수 있는 좋은 자리였다. 이것은 교회 청년 공동체의 지체들도 마찬가지였다. 그래서 낮에는 해비타트 집 짓기 봉사활동으로 함께 어울려 구슬땀을 흘렸고, 저녁에는 집회를 통해 함께 말씀을 듣고 은혜를 나누었다.

수련회 장소에는 풀장이 있었다. 청년들은 낮에는 열심히 일하고 늦은 오후에는 함께 물놀이를 했다. 서로 간에 서먹함이 빠르게 해소되었고 가까워졌다. 이런 친밀감을 바탕으로 저녁에는 일반 청년들도 함께 고민할 수 있는 비전, 아낌없이 내어주는 사랑과 같은 주제로 하나님의 말씀을 같이 나누었다.

낮에 함께 고생해서 그랬는지 저녁집회와 기도회 시간에는 눈물바다가 되었다. 신앙생활을 전에 해 보지 않았던 대학생들도 마음을 열고 하나님 말씀을 받아들였다. 이러한 수련회를 기점으로 청년 공동체는 B.T.L. 지체들에 대해 활짝 열린 마음을 갖게 되었고, B.T.L. 지체들도 청년 공동체를 방문하고 함께 교제 나누는 것에 대해 부담스럽게 생각하지 않게 되었다. 청년들은 스스럼없이 B.T.L. 지체들을 자발적으로 청년부로 초대했고, 이들이 방문하면 크게 기뻐하며 환대했다. 이처럼 불신 청년과 함께하는 수련회를 기획하여 서로를 수용하고 가까워질 수 있는 좋은 계기를 마련했다.

___ 새가족에게 더욱 친절하라

새로 몰려오는 새가족에 대하여 기존 청년들은 어떤 마음일까? 새가족을 환영하고 환대하는 마음과 부담과 왠지 모를 거부감이 공존했다. 환영하고 환대하는 마음은 아직 연약한 우리 공동체에 청년들이 새롭게 들어왔다는 것에 대한 기쁨과 감사다. 걸어오기에 결코 만만치 않은 거리를 걸어오는 이들에 대한 신기함과 감사함이 있었다.

그러나 캠퍼스 사역으로 끊임없이 청년들이 유입되자 청년들은 부담과 거부감을 갖기 시작했다. 사실 한 영혼이 교회로 발길을 돌리는 것이 얼마나 귀하고 감사한 일인가? 매주 청년들에게 이번 주에는 누가 새로 오니 잘 준비해서 맞이하자고 하니, 부담이 되었을 것이다. 동시에 목사님이 새로 오는 친구들만 환영해 주고 자신들에게는 별다른 관심을 가져 주지 않는다는 생각을 했던 것 같다. 게다가 새롭게 들어오는 청년들 중에 캠퍼스에서 활동했던 B.T.L. 지체들이 있어 친밀감을 표시하며 가까이 지내다 보니 이들을 환영하는 새가족 리더가 다소 민망해지는 경우도 있었다.

또 관계를 통한 초청이 많다 보니 새로 유입되는 청년들의 동기가 신앙적이기보다는 놀기 위해, 또는 이성 친구를 사귀기 위해 오는 경우도 있었다. 사실 이런 동기들을 이해하며 신앙을 이끌어 주려면 청년부나 새가족 리더가 경험이 많고 성숙해야 원만하게 감당할 수 있다. 그러나 다시 조직된 청년부에서 세운 리더이다 보니 리더의 연령이 상대적으로 낮고 이들을 수용하고 응대하는 일을 버거워했다.

지금 돌아볼 때 당시 기존 청년들, 특히 새가족을 환대하는 임원과 리더 그룹은 별도로 격려하고 동기를 부여하는 특별한 시간들을 가졌으면 더욱 좋았겠다는 아쉬움이 있다. 또한 새가족 응대에 대한 좀 더 구체적인 방법과 사역 노하우를 나누었으면 좋았겠다는 생각이 든다. 캠퍼스 사역에 목회를 병행하다 보니 이들을 환대하는 청년들을 일일이 알뜰살뜰 챙기지 못했던 것이 사실이다.

___ 청년들의 아지트를 마련하라

캠퍼스에서 오는 청년들이 점점 많아지자 주중 생활에서도 청년들을 신앙 안에서 중심을 잡아 주는 사역이 필요했다. 이러한 사역의 필요성을 민감하게 자각한 사람은 캠퍼스 선교단체 간사 출신인 C전도사였다. 학교 부근에 캠퍼스 선교단체가 학사를 마련하는 것처럼 교회에도 청년들이 함께 모일 수 있는 공간을 마련했으면 좋겠다고 제안했다.

이 제안을 수용하여 교회에서는 별도의 예산을 투입하여 학사 마련을 도와주었다. 학사가 마련되자 청년들은 이곳을 수시로 드나들며 서로의 고민과 삶을 나누었다. C전도사는 이곳에 머물며 주중에 이들의 삶을 붙잡아 주는 역할을 함으로써 자신의 삶을 아낌없이 헌신했다.

물론 일반 선교단체의 학사처럼 검증된 지체의 합숙 장소가 아니었기에 처음에는 혼란스러운 분위기였다. 술 취한 채로 들어와 주사를 늘어놓는 청년, 다른 곳에서 친구들의 돈을 떼어먹고 이곳으로 숨어들어온 청년 등 여러 경우가 발생했다. 학사를 관리하는 C전도사가 이런 청년들을 일대일로 만나 설득하고 이야기하면서 혼돈을 하나하나 정리해 주었다. 학사의 분위기가 잡히자, 학사는 캠퍼스 사역의 아지트 역할을 어느 정도 감당하기 시작했다.

변방에서 출발한 청년사역은 청년들의 고민을 공감하고 긍정한 데서 시작했다. 더 나아가 이들의 고민에 대한 대안을 함께 모색하는 데서 출발했다. 청년들은 B.T.L.과 함께하고, 청년 공동체와 함께하는 것이 자신의 삶에 많은 도움이 된다는 경험을 하기 시작했고, 비슷한 고민이 있는 친구들을 초대하기 시작했다.

어떻게 하면 청년들의 고민을 긍정하는 공동체를 만들어 갈 수 있을까? 그렇다면 먼저 청년들 한 사람, 한 사람의 고민을 진지하게 들어 보라. 듣다 보면 어떤 필요를 채울 수 있을까, 아이디어가 떠오를 것이다. 필요를 채우는 것 또한 일방적이어서는 안 된다. 그들이 요구하는 필요가 무엇인가를 조심스럽게 물어보라. 그들의 필요를 적절한 방식으로 채워 주고, 그 효과가 청년들의 삶에 나타나기 시작할 때 공동체의 필요성과 매력이 부각될 것이다.

6장

청년,
결혼 이후 어디로 갈 것인가

청년사역은 부흥해야 할 사역인 동시에 파송해야 할 사역이다. 대학을 졸업하면 취업이나 유학을 위해 다른 도시로 내보내야 하고, 결혼을 하면 장년부서로 파송해야 한다. 취업이나 유학을 위해 타지로 파송하는 것은 어쩔 수 없지만, 결혼을 하고 신혼부부가 되어서도 교회에 잘 정착하여 신앙생활을 잘할 수 있도록 환경을 조성하는 것은 교회의 의지에 따라 얼마든지 가능하다. 따라서 청년사역은 신혼부부 사역과의 연계성을 고려해야 한다.

신혼부부는 서로 간에 공통점도 있고 차이점도 있겠으나, 함께하는 신앙생활을 통해 서로의 삶을 공유하며 나누는 커다란 공동의 기반을 만들어 갈 수 있다. 이때 좋은 공동의 기반을 형성할 수 있도록 신혼부부에게 적합한 교회가 있어야 한다.

____ 믿음이 없는 배우자를 고려하라

신혼부부는 배우자와 함께 신앙생활 하고픈 좋은 교회를 찾아 나설 때 어떤 요소를 고려할까?

첫째, 부부에게 꼭 필요한 하나님의 말씀을 선포하는 교회다. 신혼부부는 새롭게 삶을 출발하는 만큼, 부부에게 꼭 필요한 말씀을 선포하는 교회에서 신앙생활을 하고 싶어 한다. 특히 신혼부부 중 한쪽이 믿음이 없는 경우 그의 귀에 설교가 들려야 한다. 목회자의 설교가 자신의 삶과 전혀 관계없고 처음부터 끝까지 불신자의 입장에서 들리지 않는 설교라면 처음 몇 달은 배우자를 따라 교회에 가지만, 어느 정도 기간이 지나면 서서히 함께 가기를 꺼리고 결국 함께하던 신앙생활에서 이탈한다. 이런 면에서 신혼부부는 선교의 대상이 되는 경우가 많다. 이들에게는 불신자 친화적인, 구도자에게 민감한 메시지가 필요하다.

둘째, 신혼부부의 신앙생활에 맞는 예배가 드려지는 교회다. 신혼부부가 모두 청년 공동체 생활을 열심히 한 경우에는 비교적 자유로운 청년 예배 스타일을 선호하지만, 신혼부부 중 한쪽이 신앙생활을 거의 하지 않다가 결혼을 통해 배우자를 사랑하는 마음으로 교회의 문을 두드린 경우에는 경건하면서도 구도자에게 민감한 예배가 필요하다. 좋은 예배가 있는 공동체는 믿음이 약한 배우자의 신앙을 새롭게 세우고 건강하게 자라 가도록 돕는다.

셋째, 신혼부부가 함께 서로의 삶을 나누는 데 적합한 환경의 교회다. 신혼부부는 아직 아이가 없이 신혼생활을 한다. 하지만 단 둘만 사는 것으로 충분하지 않다. 여전히 삶을 공감하고, 인정해 주고, 서로를 믿음 안에서 건강하게 세워 줄 신혼부부에 적합한 공동체가 필요하다. 신혼부부 공동체가 있어 함께 어울리다 보면 믿음이 약한 배우자도 서로 간의 격려와 지지 속에 힘을 내어 신앙생활에 열심을 내고 함께 건강한 신앙의 가정을 이루어 간다. 믿음 없는 배우자가 거의 처음으로 시작하는 신혼부부 공동체 속에서 관계를 맺어 갈 때 놀라운 변화가 일어나는 경우가 많다. 나중에는 더 열심을 내어 새벽기도회까지 성실하게 나오는 경우도 있다. 이렇게 되면 부부가 함께 믿음 안에서 건강한 가정을 이루어 가게 된다.

____ 신혼부부를 위한 울타리가 필요하다

청년부 공동체에서 한 해 동안 7커플이 결혼하는 경사가 일어났을 때, 문제는 이들을 어떻게 기존 장년 목장으로 배치할 것인가 하는 것이었다. 이때 생각한 것이 신혼부부 소그룹이었다. 결혼한 부부들 중 가능한 부부, 그리고 최근에 교회에 새롭게 등록한 신혼부부 몇 커플을 모아 신혼부부 목장을 만들고, 이곳에 젊은이들과 잘 통하는 권사님을 목장 인도자로 배치했다. 권사님의 헌신적인 수고와 신혼부부들의 노력으로 신혼부부 소그룹은 점점 소그룹 역동성이 완성되어 갔다. 청년부 못지않은 뜨거운 열기가 일어났다. 신앙이 약한 배우자가 이곳에서 함께 교제하며 기도 응답을 경험했고, 신앙생활을 뜨겁게 하기 시작했다.

신혼부부 목장이 재미있다는 소문이 주변에 퍼지자, 결혼한 다른 커플들도 신혼 공동체를 찾아오기 시작했다. 신혼부부 목장은 급성장하여 다음 해에 두 목장으로 나뉘었고, 그다음에는 다시 세 목장으로 나뉘었다. 세 목장이 되면 청년 공동체와 같이 신혼 공동체 중그룹 모임이 가능하다. 이렇게 되면 신혼 공동체의 공동체성과 매력이 더욱 커진다.

신혼부부 커플이 많아지며 신생아 탄생도 많아졌다. 작년 한 해만 하더라도 30여 명의 신생아가 탄생했다. 거의 매주 신생아 탄생 소식과 헌아기도가 번갈아 이어졌다. 청년부 지체들은 청년부를 마치고 신혼부부 목장에 가면 좋겠다는 소망을 품기 시작했고, 결혼하면 당연히 가야 하는 공동체로 생각하기 시작했다. 민음이 없거나 연약한 배우자와 결혼하는 지체의 경우에는 이런 마음이 더하다. 배우자를 신혼 공동체에 데려가 함께 신앙 안에 녹아들고 싶은 소망이 간절하다.

교회의 허리는 청년만이 아니다. 청년과 함께 이어지는 신혼부부 목장 또한 이에 못지않은 든든한 허리다. 신혼부부는 둘 중 하나만 제대로 서 있어도 연약한 나머지를 같이 붙들어 주고, 또 서로가 붙들어 주기에 상당히 매력적인 공동체다.

____ 신혼 공동체는 원숙한 노하우가 있다

신혼 공동체가 활성화될 때, 이들이 공동체에 의미 있는 존재감을 드러내도록 할 필요가 있다. 전교인 새벽기도회 때나 젊은이 예배, 또는 대예배 때 신혼부부들이 특송을 하도록 해 보라. 함께 똘똘 뭉쳐 청년 공동체 때의 추억을 떠올리며 열심히 준비한다.

신혼 공동체 MT도 자체적으로 갖도록 기획해 보라. 청년부 때의 추억을 떠올리며 즐겁게 함께 할 것이다. 원숙한 노하우가 묻어나는 수준 높은 MT 프로그램이 나온다. 이런 존재감을 확인하며 신혼 공동체는 공동체성을 경험하며 점점 친밀한 지체 의식을 갖게 된다.

신혼 공동체가 세워지면 교회를 새로 찾는 신혼부부들을 환영할 새가족 담당 부부를 세워 보라. 청년 때의 노하우를 살려 새로 오는 신혼부부를 환대하며 차를 대접하고 이들이 경계하며 걸어 잠그고 있는 마음의 빗장을 활짝 열어 줄 것이다.

대전도안교회의 경우 교회를 탐방하거나 둘러보러 온 신혼부부를 새가족 담당 신혼부부들과 연결시켜 주면, 1-2주 안에 등록하는 경우가 많다. 누구보다 신혼부부의 두려움과 고민을 잘 알고 공감해 주기 때문이다. 신혼부부 공동체에 초대받아 들어오면, 이미 그 안에 다양한 부부들이 있기에 정착이 빠르다. 물론 신혼부부 공동체 내에는 둘 다 신앙생활을 헌신적으로 잘하는 부부, 신앙생활이 한쪽은 약한 부부 등 다양한 경우가 있다. 하지만 신혼 공동체의 구성이 어느 정도 다양해지면 신혼 공동체 전체가 새로 오는 신혼부부들을 품는 용광로 같은 공동체가 된다.

대전도안교회의 신혼 공동체는 오후 젊은이 예배 후 공동체 모임을 함께 갖고 소그룹으로 흩어진다. 신혼 공동체가 좋고, 서로가 소중하다는 생각이 들면 이 가운데 신혼 공동체를 위한 즐거운 헌신이 일어난다.

____ 다음 세대 핵심은 신혼 공동체다

신혼 공동체에서 은혜와 변화를 경험하는 부부들이 많아지면서 간증 나눔이 풍성하게 일어난다. 이러한 간증을 듣는 것 자체가 믿음의 가정을 이루어 가고 싶은 부부들에게는 상당한 자극과 도전이 된다.

한편 이러한 자극은 믿음 안에서 자라나고 싶은 열망을 자극하는데, 이는 신혼부부가 함께 다양한 양육 과정에 참여하도록 격려한다. 연초에 '40일 말씀학교'를 통해 믿음으로 서도록 안내하거나, 어머니들의 경우 '마더와이즈'를 통해 현숙한 아내가 되어가도록 안내한다. 이러한 양육 가운데 풍성한 은혜를 경험함은 물론, 간증이 쏟아지면서 함께 양육받기를 사모하며 도전하는 부부들이 늘어나기 시작한다. 신혼부부 안에 이러한 양육을 경험하는 부부가 많아지면서, 주일 대예배만 나오고 뒤로 숨기 쉬운 신혼부부들이 양육과 소그룹, 그리고 봉사와 헌신에 힘쓰는 부부들로 변하기 시작했다.

감사한 것은 이런 분위기 가운데 임신과 출산을 하게 되면, 어릴 때부터 아이를 안고 예배와 말씀 공부에 힘쓰는 부모들이 되고, 이것이 또한 서로를 자극하며 다음 세대로 이어지는 수요 영아부와 같은 교회학교로 풍성하게 유입된다는 점이다.

믿음의 다음 세대를 잇는 것은 청년사역으로 끝나지 않는다. 청년사역 다음으로 이어지는 신혼부부 공동체 또한 이에 못지않게 중요하다. 신혼부부가 든든히 서면 안정된 가정의 기초를 세우게 된다. 신혼부부 모임을 통해 신앙으로 가정을 세워 가는 것을 서로 격려하고 응원하면 믿음이 자연스럽게 다음 세대로 계승된다.

___ 신혼부부 중그룹을 형성하라

신혼부부 목장이 세 그룹 이상 형성되면 중그룹 모임을 고려할 필요가 있다. 이는 신혼부부 목장의 정체성 형성과 교회 안에서 의미 있는 존재감을 확인하기 위함이다. 중그룹 모임은 색다른 재미가 있다. 부부가 함께하기에 모임이 안정되고, 서로를 격려하고 인정하고 지지하는 분위기가 청년 때보다 활발하다.

신혼부부 중그룹은 보통 젊은이 예배 이후 청년 중그룹 모임 때 함께 별도로 모임을 갖는다. 이런 식의 중그룹 공동체가 활발해지면 신혼부부의 신앙생활을 지지할 수 있는 자체적인 수련회나 MT 등을 갖는 것도 좋다.

신혼부부가 중그룹으로 활성화되면 청년부와 자연스러운 연계성이 생겨나게 된다. 보통 결혼하면 교회 어딘가로 숨거나 다른 교회로 조용히 옮기는 경우가 많은데, 신혼부부 중그룹 공동체가 형성되면 이를 상당 부분 사전에 예방해 준다. 도리어 빨리 청년부를 졸업하고 신혼부부 목장에 가고 싶어 하는 이들이 늘어나게 되고, 이미 결혼한 부부와 청년부 사이의 연계성도 긴밀해져 서로 돕고 협력할 수 있다.

특별히 청년부 리더들이 어려움을 겪을 때 신혼부부 목장에서 이미 리더를 경험했던 지체들이 큰 힘과 격려를 준다. 때로는 청년부와 신혼부부 목장이 함께 식사를 나누며 교제하는 경우도 생긴다. 함께 청년부 생활을 했기 때문이다. 이런 자연스런 융화는 청년부와 신혼부부 목장, 그리고 이후의 장년 목장과의 연계성을 자연스럽게 이어 간다.

3부

공동체 규모에 맞는 사역 패턴이 있다

7장

30명 미만의
소규모 공동체

3부에서는 규모에 따른 청년사역 가이드를 제시하겠다. 규모에 따라 사역의 어떤 부분을 점검하고 보완해야 할지를 살펴보겠다.

___ 30명을 넘기기 어려운 이유

한국교회 청년부의 상당수가 30명 미만의 소규모다. 30명을 이따금씩 넘기기도 하지만 대부분 다시 10-20명대를 맴돈다. 청년부 공동체가 성장할 때 경험하는 첫 장벽이 30명 장벽이다. 그 이유가 무엇일까?

첫째, 30명이 넘어가면 의사소통 구조가 달라져야 하기 때문이다. 식당에 가서도 한 테이블을 벗어나 두 테이블 이상이 되면 대화에 소외되는 사람이 나타난다. 마찬가지로 청년부에서 30명이 넘어가면 의사소통에서 소외되는 이들이 생겨난다. 이들을 함께 품을 수 있는 보다 조직적인 의사소통 구조가 되지 않으면 소외되는 이들이 계속해서 공동체에서 빠져나간다. 따라서 이들이 소외되지 않도록 하는 구조적인 변화 없이는 청년부는 30명을 넘기 힘들다.

둘째, 30명이 넘어가면 본격적인 청년사역 구조를 필요로 하는데, 이러한 구조 전환은 30명 미만일 때 사전에 준비되어야 한다. 사역 그릇을 먼저 준비하지 않고는 30명이 넘어가면서는 그 그릇에 다 담을 수 없다. 게다가 청년부가 활력 있게 움직이려면 구성원 대부분이 다양한 사역과 역할을 맡아 주어야 하는데, 이런 준비가 사전에 사역 구조의 조정을 통해 필요하다.

셋째, 30명 미만은 배타적 원로 그룹의 영향력이 크게 발휘된다. 소수의 원로 그룹이 청년부 전체의 방향과 의사결정을 좌지우지하려는 경향이 크다. 청년사역자는 원로 그룹이 자신들이 공동체의 주인이라는 생각으로 목소리를 내려 할 때 이를 진정시키고 함께 하나님 나라를 세워 가는 일에 부름 받았음을 강조해야 한다. 청년사역자는 원로 그룹의 영향력을 긍정적으로 바꾸기 위해 노력해야 한다. 공동체가 30명 이상으로 성장했을 경우 새로 들어온 청년들의 활동 반경과 영향력이 커지면 원로 그룹의 목소리가 작아지게 되는데, 이때부터 청년부 사역 전체가 조금씩 탄력을 받기 시작한다.

넷째, 사역자가 쉽게 지칠 수 있는 구조다. 아직 30명 미만의 청년들이면 제대로 된 조직이 갖추어지기 전이므로 청년사역자에게 사역이 몰리기 쉽다. 또한 소규모 공동체이다 보니 청년사역자에게 관심과 돌봄을 의존하기도 한다. 하지만 혼자서 30명 정도의 인원을 일일이 돌보기는 무리다. 그렇게 되면 청년사역자가 내실 있게 사역을 준비하기가 어려워진다. 따라서 30명 미만이라도 효과적인 위임을 위한 조직 구성이 필요하다.

따라서 1-30명의 청년부는 어느 정도의 체질 개선과 함께 다음 단계로의 준비가 철저히 이루어지지 않고는 30명을 넘어가기가 무척이나 힘들다. 그렇다면 1-30명의 소규모 청년부에서 단순히 모이는 것 이상의 건강한 체질 개선을 이루기 위한 준비에는 어떤 것들이 있을까?

_____ 사람을 세워라

먼저 가용자원을 확보해야 한다. 가용자원이란 곧 사람을 말한다. 즉 가용자원을 확보하라는 말은 적재적소에 사람을 세울 수 있도록 만들어야 한다는 뜻이다.

지금 청년부를 구성하고 있는 이들이 어떤 이들인가를 먼저 파악해 보라. 교회에 어릴 때부터 다니며 꾸준히 신앙생활을 하던 이들인가, 아니면 전도된 지 얼마 되지 않은 초신자들인가? 각각의 성향은 어떠한가? 청년부 구성원의 상황에 따라 사역을 집중해야 할 방향이 달라진다.

교회학교 때부터 신앙생활을 꾸준히 하던 중직자의 자녀들을 중심으로 구성된 청년부서인 경우, 외부에서 친구들을 전도해 오는 것은 쉽지 않다. 그러나 외부에서 오는 이들을 환대하고 맞이하며 몇몇 소그룹을 갖추는 사역 구조는 훈련을 통해 준비될 수 있다.

이와는 다르게 초신자를 중심으로 구성된 청년부서의 경우, 전도는 많이 이루어질 수 있지만 이들을 정착시키기 위한 원숙한 소그룹 사역과 이를 뒷받침하기 위한 튼튼한 행정 사역 구조를 갖추기가 쉽지 않다. 이런 경우에는 사역자가 청년들을 데리고 시간이 좀 걸리더라도 성경공부를 통해 신앙생활을 훈련할 필요가 있다.

구성원의 상태를 확인하고 훈련시켰다면 이제 본격적으로 세우는 일이 남았다. 청년사역은 사람을 세우는 사역이다. 어떻게 청년들을 훈련시켜 적재적소에 배치할 것인가가 사역의 핵심이다. 비록 청년 공동체의 인원이 적더라도 이들을 잘 훈련시켜 청년사역에 있어서 적절한 곳에 배치해야 한다.

기본적으로 세워야 할 사람은 청년부 임원, 즉 행정리더다. 필자가 대전 변방의 한 교회에서 처음 청년부를 세울 때 끌어모은 청년부 구성원은 둘이었다. 이 둘을 임명하고 이들이 감당해야 할 일을 비교적 구체적으로 알려 주었다. 단 둘인데 무슨 할 일이 있을까? 이는 장차 전도되어 들어올 새가족을 위해서 할 일들이었다.

감사하게도 첫해 모두 75명의 청년이 교회를 방문하고 약 50명의 청년이 교회에 등록했다. 이렇게 청년이 갑작스럽게 늘어나자 이 둘의 역할이 너무나도 중요해졌다. 청년부 행정리더의 구성은 기본적으로 회장, 부회장, 총무, 서기, 회계이지만 청년 공동체의 가용자원에 따라 회장 혼자만, 또는 회장과 총무, 회장과 총무나 회계 등으로 유연성 있게 세울 수 있다.[32]

청년부에서 새신자들이 늘어나면 필연적으로 목양리더, 즉 소그룹 리더가 필요하다. 충분한 리더가 없다면 이를 감당할 교회 내의 비교적 젊은 집사를 교사로 세우라. 만약 청년 중에 일부가 있다면 이들을 리더로 세우라. 당장 세우기 전에 적어도 3-4주 이상 소그룹 리더로서 감당해야 할 부분을 훈련하라. 이는 말씀을 묵상하고 나누는 훈련, 소그룹원들을 목양하고 관리하는 훈련 등을 포함한다. 매주 만나서 하기가 어려우면 주말을 이용하여 집중적으로 훈련하는 것도 좋다. 짧더라도 훈련 과정을 통해 사람을 세우는 것과 아무 훈련 없이 임명하는 것은 다르다. 여건이 어려우면 훈련은 핵심만 짧게 시키고 이후 지속적인 리더 모임을 통해 소그룹 리더로서의 자질을 지도하고 코칭해 주는 것도 좋다.

간혹 장년부서를 찾아 보면 청년들에게 관심을 갖고 도와주고 싶어 하는 이들이 있다. 이들을 적극적으로 교사나 후원자 그룹으로 초대하여 간식을 후원받거나 영화 관람과 같은 행사 때 도움을 받으라. 필자가 캠퍼스 사역을 감당할 때 권사님 한 분이 캠퍼스에 관심을 갖고 매주 간식을 챙겨 주셨다. 이 일은 사역에 큰 활력소가 되었다.

청년부 내에 가용할 수 있는 사람을 최대한 확보하여 사역 구조를 세우라. 그리고 세워진 이들을 지속적으로 칭찬하고 격려하며 신 나게 사역하도록 하라.

___ 할 수 있는 사역에 집중하라

'위프', 즉 예배, 전도, 양육, 기도는 규모와 상관없이 청년 공동체가 성장하기 위한 필수불가결한 요소다. 그러나 소규모 청년 공동체는 규모 있는 청년 공동체와 같은 사역 역량을 발휘할 수 없다. 그렇다면 어떻게 할 것인가? 사역 중에서 집중할 수 있는 것에 집중하고, 역량이 모자란 것은 청년부 외부의 교회 가용자원을 적극 활용하면 된다.

예배를 생각해 보자. 모든 사역의 중심이 예배인데 청년부 인원이 총 두 명이다. 어떻게 할 것인가? 둘만으로는 예배 동력이 활발하게 일어날 수 없다. 결국 장년부 예배 가운데 충분히 은혜를 받도록 해야 한다. 이런 면에서 담임목사가 청년사역의 마인드로 설교를 준비하고 청년들에게도 들리는 설교를 하는 것이 중요하다.

전도는 어떠한가? 만약 전도가 캠퍼스 사역과 같은 외부의 열린 모임을 통해 공동체 내로 유입되는 경우라면 참 감사한 일이다. 할 수 있다면 교회 전체가 새가족 초청 잔치를 주최하고 여기에 소수의 청년들이 자기 친구들을 초대할 수 있도록 하면 좋다. 그리고 이렇게 초대된 청년들을 청년사역자가 적극적으로 붙잡아 주어야 한다.

이보다 더 효과적인 전도의 방법은 바로 예배를 통한 전도다. 예배를 통해 하나님의 살아 계심을 경험하고, 말씀을 통해 주님을 깊이 있게 만나면 전도하라고 말하지 않아도 알아서 주변에 소문을 내고 지인들을 교회에 데리고 온다. 성도들이 은혜를 받으면 비슷한 상황에 있는 지인들도 데리고 오지만, 청년 자녀들, 또는 같은 회사에 근무하는 청년 직원들도 데리고 온다. 따라서 예배를 통해 강력한 은혜를 경험하도록 하는 것은 교회 전체의 매우 중차대한 사명이다.

예배를 통한 전도가 활성화된 교회는 정착도 비교적 잘 이루어진다. 이미 예배를 통해 은혜를 경험했기에 정착이 자연스럽게 이루어지기 쉽다. 반면 예배의 감격이 없으면 정착이 보통 고된 작업이 아니다. 따라서 교회 공동체는 예배의 부흥과 기름 부으심을 위해, 설교자를 위해 늘 기도해야 한다.

양육은 적어도 두 가지 차원으로 이루어져야 한다. 먼저는 일꾼을 세우기 위한 예비 리더 교육과 이미 세워진 리더들이 계속해서 행정 혹은 목양의 사명을 잘 감당하도록 하기 위한 보수, 유지 교육이다. 적은 인원으로 오랫동안 양육하기가 어렵다면 하루, 이틀 내에 집중적으로 마치는 것도 좋은 방법이다.

예전에 미국 캘리포니아의 새들백교회를 다니면서 새신자 과정, 성장반 과정 등을 교육받은 적이 있다. 이 과정은 주일 오후에 4-5시간 동안 집중적으로 이루어졌다. 하루에 교육을 끝낸 것이다. 이를 바탕으로 현재 필자가 섬기는 교회는 매주 주일 오후에 새가족 과정을 운영하지만, 새가족 양육을 받을 시간이 되지 않는 이들을 위해 토요일 중 날을 잡아 하루 만에 6주짜리 새가족 과정을 다 마치는 기회도 정기적으로 제공한다.

혹 사역자가 양육하는 것이 익숙하지 않으면, 외부의 양육 프로그램을 활용하는 것도 좋은 방법이다. 연초에 있는 집중적인 하루 일정의 청년부 리더 교육이나, 가을에 6-8주 과정의 예비 리더 교육을 활용하는 것도 좋다.

기도는 두세 사람이 모여도 진지하고 뜨겁게 기도하는 연습을 해야 한다. 공동체의 부흥을 위한 진지한 기도제목과 공동체 지체들의 중보 기도제목을 갖고 꾸준히 기도하다 보면 기도의 현장에 기름 부으심이 임한다.

_____ 새신자에게 닫힌 문을 열라

소규모 공동체가 성장하는 데 종종 큰 걸림돌로 작용하는 것이 내부의 배타성이다. 구성원들이 교회학교 때부터 다닌 이들이라면 특히 배타성이 강하다. 배타성은 공동체의 부흥을 위해 특별히 신경 써야 할 부분이지만, 그렇다고 청년들이 배타성을 형성하려고 의도한 것은 아님을 기억할 필요가 있다. 단지, 오랜 시간을 함께해 온 친숙한 관계이기에 공동체 내에서 자연스럽게 배타성을 형성했던 것이다.

적어도 10년 이상을 교회학교에서 함께한 친구 사이인데, 청년부에 새로 온 지체가 그 사이를 비집고 들어갈 수 있겠는가? 절대 쉽지 않다. 오래된 청년 둘이 만나 친숙한 표정으로 "안녕?" 한마디만 해도 배타성이 느껴진다. 새로 온 청년이 청년 공동체에 녹아들려면 새가족도 노력해야 하지만, 기존에 이미 오랜 시간 알고 지냈던 청년들도 스스로 긴장해야 한다. 자신들의 친숙한 관계가 성장의 걸림돌이 될 수 있음을 늘 기억하고 자신도 모르게 배어 나오는 배타성을 경계해야 한다.

교회에 나온 지 오래된 청년 회원들은 교회생활을 자신들에게 익숙한 일종의 자연스러운 사회생활로 여기는 경향이 크다. 그렇게 되면 자신에게 친숙한, '교회'라는 사회관계망을 통해 자신들의 존재감을 인정받으려는 욕구가 나타난다. 이들은 공동체 내에 열심을 갖고 섬기려는 이들이 생기면 벽을 세운다.

그렇다면 이런 배타성을 억제하고 청년부 공동체를 활성화하는 방안은 무엇인가? 크게 두 가지다. 첫째, 교육과 훈련이다. 공동체의 하나 됨, 포용의 태도, 공동체의 언어생활과 태도 등을 지속적으로 교육하고 준비시켜야 한다.

둘째, 소그룹을 새롭게 구성하는 것이다. 사역자는 소그룹 구성원을 골고루 배치하는 것이 좋다고 생각하는 경향이 있다. 그래서 교회에 나온 지 오래된 사람, 얼마 되지 않은 사람, 믿음이 좋은 사람, 믿음이 약한 사람 등을 골고루 배치하려 한다. 그러나 이런 방식으로는 새신자가 소그룹에 정착할 확률이 30-40%도 되지 않는다. 왜 그럴까? 각 소그룹마다 역동성이 다르기 때문이다.

가능한 새신자는 소그룹 모임이 살아 있고, 활기차고, 모이기에 힘쓰는 곳에 집중 배치해야 한다. 보통 한 공동체에 역동적인 소그룹은 20-30% 전후일 것이다. 이런 소그룹에서는 새신자가 보다 쉽게 마음을 열고 정착한다. 특히 신앙생활을 거의 처음 시작하는 지체의 경우, 이 원리가 더욱 고려되어야 한다. 그래야 그곳에서 새로 시작하는 신앙생활의 기쁨과 가족 같은 청년 공동체의 따뜻함을 경험할 수 있다. 이런 경험이 차근차근 쌓여야 교회에 뿌리내릴 수 있다. 그렇게 될 때 청년부는 더 건강하게 자라게 된다.

소그룹 역동성을 이론으로 배울 수 있다면 얼마나 좋을까? 아쉽게도 소그룹 역동성은 6개월에서 1년 정도 그 속에서 직접 체득해야 한다. 예수님도 열두 제자들을 따로 불러 함께 지내면서 소그룹 역동을 전수하셨다(막 3:14). 이런 과정을 통해 청년들은 공동체를 소중히 여기는 법, 서로를 섬기는 법, 그리스도의 종노릇하는 제자도를 자연스럽게 배운다. 보통 소그룹 역동이 약한 그룹들은 전도도 약하다. 반면 소그룹 역동이 강한 그룹은 전도도 잘한다. 사람이 많다고 새신자를 역동이 약한 다른 소그룹으로 보내는 것보다는, 잘되는 곳에서 1학기나 1년 정도를 경험하게 하고 그 소그룹을 분립하는 것이 훨씬 낫다. 이렇게 분립하면 적어도 분립된 소그룹은 이전에 함께 경험한 소그룹 역동성의 DNA를 갖고 있다. 현재 필자가 섬기는 교회에서 한 소그룹은 매학기마다 분립이 일어났다. 그곳에서 소그룹 역동을 경험한 이들이 새롭게 리더로 세워지고 다시 역동적인 소그룹들을 일으켰다. 그렇게 7학기 연속으로 소그룹을 분립시키는 이변을 낳았다.

_____ 예비 리더를 양육하라

청년 공동체가 소규모일 때 청년사역자는 청년부 활동에 열심히 참여하고 자원하는 마음으로 기쁘게 헌신하려는 이들을 찾아야 한다. 조금이라도 이런 열심을 드러내려 하면 인정해 주고, 칭찬해 주고, 더 열심히 사역할 수 있는 다른 기회를 주며 도전해 보도록 하라. 이런 다양한 활동들을 통해 지체의 성숙함과 헌신도를 검증할 수 있는 기회가 생긴다.

이를 통해 예비 리더들을 발굴하게 되는데, 예비 리더들을 가능한 많이 발굴하여 훈련으로 초대하는 것이 좋다. 이 훈련은 제자훈련이 될 수도 있고, 예비 리더를 위한 훈련(LTS)이 될 수도 있다. 별도의 시간에 이들을 훈련하며 좀 더 깊이 알아 가는 시간을 가지라.

공동체가 적어도 예비 리더를 발굴해 놓으면 시간이 갈수록 이들이 공동체에 든든한 버팀목이 되어 준다. 사역자는 예비 리더를 세우는 일에 우선순위를 두고 집중해야 한다.

예비 리더를 사명으로 초대하라

예비 리더를 어떻게 발굴할 수 있을까? 적어도 한 해 동안 함께 공동체 생활을 한 이들 중에서 다음과 같은 이들을 눈여겨보라.

첫째, 공동체에 대해 설렘이 있는 지체다. 청년 공동체 활동을 즐거워하고 다양한 모임에 설렘으로, 자원함으로, 사모함으로 참여하는 이들이 있다. 이들은 일차적으로 예비 리더의 좋은 후보들이다.

둘째, 공동체에 애정이 있는 지체다. 공동체에 대해 '우리 청년부'라는 말을 하는 이들이 있다. 이들의 입에서 나오는 표현은 공동체에 대한 애정을 반영한다. 적어도 '우리 공동체' 의식이 있어야 함께 공동체를 섬길 마음을 갖기 쉽다.

셋째, 말씀에 은혜를 받는 지체다. 말씀에 은혜를 받고 그 말씀을 즐겁게 나누는 이들이 있다. 이들은 공동체를 함께 말씀으로 세워 갈 수 있는 좋은 자질이 있는 이들이다. 반면, 열심히 참여하기는 하는데 말씀을 듣는 시간에 집중하지 못하는 지체가 있다. 이들은 열심은 있지만, 자기 열심으로 공동체에 참여할 가능성이 크다. 청년사역자는 이들이 열심을 내는 동기를 잘 분별할 필요가 있다.

넷째, 성실한 지체다. 이따금씩 공동체를 방문해 보면 호감을 주는 이들이 있다. 그러나 그때 반짝할 뿐, 이후 공동체에 불성실한 경우가 종종 있다. 성실성은 첫인상과는 달리 시간을 두고 분별해야 한다. 적어도 6개월에서 1년 이상의 시간을 두고 성실성이 어느 정도 검증된 지체들을 세우라. 리더 그룹의 가장 필수적인 자질이 성실성이다. 성실하지 못하면 열심을 내던 일들이 하루아침에 무너질 수 있다. 소그룹이 잘나가다 하루아침에 와해될 수 있다. 다소 답답하더라도 시간을 두고 신실성을 검증하라.

다섯째, 청년 공동체를 통한 하나님 나라의 비전을 갖고 있는 지체다. 이런 비전은 하루아침에 생기지 않는다. 청년사역자가 청년 공동체를 통한 하나님 나라의 비전을 끊임없이 선포해야 하고 생생하게 그릴 수 있도록 도와주어야 한다. 이때 이 비전을 자신의 비전으로 삼고 붙드는 이들이 있다. 이런 이들을 찾으라.

청년사역자는 예비 리더를 발굴하는 동시에 현재 함께 섬기고 있는 리더 그룹의 특별함을 지체들에게 보여 주어야 한다. 예비 리더는 자신이 리더가 되었을 때 리더의 삶이 어떠할지를 궁금해한다. 그럴 때 이들은 현재 리더로 섬기고 있는 이들을 유심하게 살펴본다. 지금 리더들이 하나님 나라의 사명감을 갖고 열심으로 기쁘게 섬기는가, 아니면 사역에 대한 불평과 청년사역자에 대한 원망을 쏟아내는가?

예비 리더에게 리더로 섬기는 것이 특별한 경험임을 알려 주려면 청년사역자는 현재 섬기고 있는 리더들을 잘 붙들어 주어야 한다. 이들과 함께하며 특별한 관심을 기울이라. 함께 맛있는 식사를 나누라. 필요하면 멋진 카페에서 회의를 하고 이야기도 나누라. 리더들은 청년사역자와 특별한 관계를 갖고 관심을 받는 것을 보면 리더에 대한 긍정적인 인식을 갖기 쉽다.

코치를 세우는 코치가 되라

예비 리더를 세우기 위해 청년사역자는 잠재적인 리더 그룹과 끊임없이 하나님의 은혜를 소통해야 한다. 주의할 것은 이들과의 소통이 결코 일방통행이면 안 된다는 점이다. 잠재적인 예비 리더들 각자가 처한 상황을 묻고, 경청하고, 공감하고, 격려해야 한다. 청년사역자는 좋은 코치가 되어야 한다.

코칭은 단순한 소통의 기술만은 아니다. 하나님이 각자에게 주신 재능과 은사와 잠재력을 신뢰하고 이를 최대한 끌어내어 하나님의 영광을 위해 쓰임 받도록 격려하며 사람을 세우는 기술이다. 이를 위해서는 청년사역자가 청년을 바라보는 관점의 변화가 필요하다. 청년 개개인을 청년사역자의 가르침을 받고 훈련받아야 할 존재라기보다, 이미 하나님이 주신 가능성들을 잘 발휘할 수 있는 존재로 보아야 한다. 이렇게 볼 때 청년사역자의 역할은 예비 리더들을 인정하고 격려하여 하나님이 주신 가능성을 잘 발휘하도록 다듬어 주는 조력자의 역할이다. 이런 관점으로 청년사역자가 청년들을 신뢰하며 의사소통할 때 예비 리더들은 자신감을 갖고 열심히 훈련에 임할 수 있다.

청년사역자가 코치로서 청년들을 바라보면 예비 리더 양육을 바라보는 관점에도 변화가 온다. 예비 리더 양육은 청년사역자가 이들을 새롭게 빚고 만드는 과정이라기보다, 이미 하나님이 주시고 형성하신 많은 가능성과 자질을 발견하고 이를 적절하게 발휘할 수 있도록 돕는 과정에 불과하다. 이렇게 볼 때 청년사역자는 리더 양육에 대한 과도한 기대와 부담을 덜 수 있고, 동시에 청년부 지체들과의 의사소통 방식도 탈권위적 코칭 방식으로 변하게 된다.

청년사역자가 코치로서 예비 리더들을 가능성 있는 존재로, 함께 동역하는 파트너로 보지 않으면 자칫 권위적이 되기 쉽다. 청년들이 자신의 말을 따르지 않으면 불쾌해하고, 순종을 강요하기 쉽다. 그렇게 될 때 청년들은 청년사역자에 대하여 답답함을 가슴에 안게 되고 사역의 동기부여와 동력은 많이 떨어진다.

청년사역자는 먼저 좋은 코치가 될 필요가 있다. 그래야 청년 리더를 좋은 코치로 세울 수 있다. 좋은 코치로 세워진 청년 리더들은 청년부원들의 작은 소리에도 귀를 기울여 경청하고, 인정하고, 칭찬하고, 격려할 수 있다. 이를 위해서 청년사역자는 코치가 되기 위해 훈련하고 준비할 필요가 있다.

예비 리더를 양육하는 방식

예비 리더를 양육하려면 어떤 내용으로 하는 것이 좋을까? 일반적으로 제자훈련에 집중하는 교회의 경우 청년들도 제자훈련을 이수하게 하고, 이를 수료한 이들을 공동체의 리더로 세운다. 하지만 특별한 제자훈련의 철학을 갖고 일관되게 청년 리더를 양육하지 않는 한, 제자훈련으로 공동체의 리더를 세우는 일은 만만치 않다. 적어도 6개월에서 2년간의 집중적인 기간이 필요하기 때문이다. 이 기간 동안 소그룹 구성원 각자에게 사역자가 직접 에너지를 쏟는 일은 단단한 각오 없이는 쉽지 않다.

자원자를 모집하는 것도 만만치 않다. 어느 정도 규모 있는 공동체에서는 제자훈련 자원자가 넉넉할지 모르나, 대부분의 작은 청년 공동체에서는 결코 쉽지 않다. 제자훈련은 제자훈련을 직접 받아 보고 노하우나 충분한 경험이 있을 때 최대의 효과를 거둘 수 있다. 자칫하면 제자훈련은 무거운 짐이 될 수 있다. 특히 신앙생활을 새롭게 시작하는 공동체에는 만만치 않은 도전이다.

결국 청년 공동체는 각 공동체의 상황에 맞는 훈련 과정을 준비하는 것이 좋다. 그동안 필자가 운영했던 예비 리더 학교는 공동체의 규모가 어느 정도 되었을 때는 12주의 과정으로 진행했다. 반면 공동체의 규모가 상대적으로 작고 청년사역자의 다른 사역 부담이 여전히 클 때는 6주의 속성 과정으로, 리더로서 필요한 기본적인 사항들을 훈련하도록 진행했다. 대략의 훈련 과정을 살펴보면 다음과 같다.

〈 12주 과정 〉

1주   청년부 구조와 사역론

2주   참된 예배자로 서라

3주   어떻게 전도할 것인가?

4주   어떻게 성장할 것인가?

5주   기도의 용사로 거듭나려면?

6주   효과적인 소통(1)

7주   효과적인 소통(2)

8주   효과적인 소통(3)

9주   크리스천 리더십(1)

10주 크리스천 리더십(2)

11주 성경 파노라마-구약

12주 성경 파노라마-신약

〈 6주 과정 〉

1주   영적 리더십

2주   영적 리더십과 청년사역 구조론

3주   영적 리더십의 발달 단계

4주   예배와 소그룹

5주   소그룹 커뮤니케이션(1)

6주   소그룹 커뮤니케이션(2)

각각의 훈련 과정은 공동체의 상황에 따라 적절하게 활용하는 것이 좋다. 이러한 과정들은 행정리더와 목양리더에게 공통으로 필요한 주제를 다루었다. 이들이 리더 훈련을 받는 동안 주일 오후에는 크리스천 코칭 훈련 과정을 각각 3시간씩 실시하여, 코칭의 기본적인 소양을 갖도록 도왔다. 이들이 좋은 코치로서 리더가 되도록 하기 위함이었다.

이들이 임원(행정리더) 혹은 소그룹 리더(목양리더)로 임명될 경우, 별도로 1박 2일 정도의 MT를 가서 리더가 실전에서 맞닥뜨릴 부분을 《청년리더사역 핵심파일》(홍성사, 2006)로 함께 나누면 많은 도움이 된다.

기억할 것은 리더 훈련 자체가 예비 리더들을 크게 변화시키지 못한다는 것이다. 다만 이미 갖추어진 성실성, 경건생활, 성품 등을 기초로 이들이 원활하게 리더의 역할을 감당하도록 안내하고 돕는 정도의 역할을 한다고 생각하면 된다. 이렇게 볼 때 리더 훈련은 이들의 잠재력을 교회가 인정하고 적절히 사용할 수 있도록 공식적인 자격을 부여하는 역할을 한다. 이러한 행정적 적법성은 리더로서 자신감을 갖고 리더 사역에 임할 수 있게 한다.

____ 적극적으로 전도하라

소규모 청년 공동체가 성장하려면 적극적인 전도가 있어야 한다. 청년들이 유입되지 않고는 공동체가 성장할 수 없다. 그렇다면 소규모 공동체에서 전도는 어떻게 이루어질까?

첫째, 친구 초청 예배다. 소규모 공동체에서 할 수 있는 가장 보편적인 전도 방법이다. 평소에 알고 지내던 친구들을 공동체 예배에 초대한다. 학기 초, 중간고사 이후, 부활절, 추수감사절, 성탄절 등 청년들의 이벤트와 교회의 이벤트를 함께 고려하여 전도를 준비한다.

필자가 섬기는 공동체에서는 1년에 두 번 정도 친구 초청 예배를 기획하는데, 4월 부활절, 11월 추수감사절 전후로 초대한다. 만약 부활절을 전후하여 초대한다면, 2월 말에 함께 초청할 전도 대상자를 두고 2주간 기도하고, 2주간은 관계를 맺고, 2주간은 만남을 갖고, 2주간은 다양한 모양으로 교회 친구들 혹은 청년 소그룹과 함께하는 일종의 열린 모임에 초대하도록 한다.

이 기간에 교회에서 바자회를 열어 미리 전도 대상자가 용기를 내어 방문할 계기를 마련하기도 한다. 청년들이 하나님 나라 공동체의 매력을 확신하면 용기 있게 초대하기 시작한다. 만약 친구 초대가 활발하지 않다면 청년들이 아직 공동체의 매력에 대해, 예배에 대해 확신을 갖지 못했기 때문이다. 이번 기회에 교회에 오면 예수님을 깊이 만날 수 있고, 또 공동체에도 잘 적응할 수 있다는 확신이 들면 청년들은 전도에 적극적으로 참여한다.

둘째, 친구 초청 만남이다. 이는 친구를 교회로 초대하기 전에 교회가 아닌 카페, 영화관, 식당 등 제3의 지대에서 모이는 것이다. 교회라는 선입견을 버리고 좋은 친구들을 초대하여 서로를 알고 사귀는 기회를 갖도록 하는 것이다. 이렇게 교회 친구들을 알게 되고, 이들이 괜찮은 사람들이란 확신이 들면 선뜻 교회 문을 두드리는 경우가 많다. 친구 초청 만남은 때로 활동지원비를 제공해 교회 외의 지역에서 만남을 갖도록 하는 것이 좋다.

셋째, 열린 모임을 통한 초대다. 열린 모임은 청년들의 필요를 적절히 채워 주면서 어느 정도의 영적 관계를 맺어 가는 모임을 말한다. 열린 모임은 다양한 유형으로 만들어질 수 있다. 교회 내의 풋살 동아리, 배드민턴 동아리, 영어 성경공부 모임, 요리 동아리, 등산 동아리, 사진 동아리 등 다양한 관심사를 반영한 모임을 가질 수 있다. 또 앞서 본 B.T.L.과 같은 캠퍼스의 열린 모임 사역을 진행할 수 있다.

열린 모임을 운영하면서 적절한 전도와 초청이 이루어지는 것은 좋은 일이다. 하지만 열린 모임 자체에 너무 에너지를 쏟다 보면 청년부 사역에 지장을 받을 수 있다. 열린 모임을 기획하는 것 자체가 또 하나의 사역이기 때문이다. 만약 청년부 지체들이 열린 모임에도 헌신한다면 이들은 청년부 활동과 열린 모임 활동 모두에 헌신하는 셈이 되기에 사역에 대한 부담이 커지고 쉽게 탈진할 수 있다.

따라서 청년사역자에게는 열린 모임과 정규적인 청년 모임의 균형을 어떻게 유지하느냐가 과제다. 청년사역자가 직접 열린 모임을 열어 운영한다면 청년들의 부담은 많이 줄어들겠지만, 이것이 무리인 경우 청년부에 관심이 있는 장년들의 도움을 받는 것도 좋은 방법이다.

넷째, 장년 공동체를 통한 유입이다. 주일에 예배를 드리고 소속될 공동체를 찾는 청년들이 의외로 많다. 이때 청년부 리더들은 장년 예배를 찾는 청년들을 눈여겨보았다가 예배 후에 간단한 차나 다과를 나누는 자리로 초대하면 좋다. 방문한 청년은 부담감을 느끼기도 하지만 많은 경우 자신을 알아봐 주는 이들에게 고마움을 느끼고 마음을 연다. 이들과 적절한 관계를 형성하고, 기회가 될 때 청년부 중그룹이나 소그룹에 초대하라. 이를 통해 들어오는 청년들만 잘 관리해도 청년부 공동체의 성장에 상당 부분 기여할 수 있다.

____ 수련회를 적절하게 활용하라

소규모 공동체가 해마다 역량을 집중하여 갖는 행사가 수련회다. 여름수련회만 갖는 경우도 있고 여름과 겨울 모두 수련회를 갖는 경우도 있다. 겨울과 여름수련회는 각각 성격과 목적이 다르다.

겨울수련회는 청년 공동체가 한 해를 힘 있게 살아갈 수 있도록 말씀으로 다지고 무장시키는 성격이 강하다. 겨울수련회를 잘 치르면 3월부터 시작하는 새 학기에 몰려오는 새가족을 맞을 공동체성이 잘 준비된다. 겨울수련회는 새해에 새롭게 시작하는 공동체의 예배와 중그룹 모임에 역동성을 더하고, 새로 시작하는 소그룹이 하나 되어 모이는 데 힘쓸 수 있는 계기를 제공한다.

여름수련회는 청년들 개개인이 하나님을 깊이 만나는 데 중요한 동기를 부여한다. 또한 상반기에 공동체로 몰려왔던 지체들을 은혜 안에 하나로 녹여 공동체에 활력을 더해 주고 하반기 부흥의 계기를 마련해 준다. 또한 여름수련회에서 뜨거운 은혜를 경험하면 이어지는 농어촌 및 해외 단기선교에 큰 힘을 공급한다. 외부로 확장되는 사역을 감당할 힘을 더해 준다.

문제는 소규모 공동체의 경우 여름, 겨울수련회를 모두 치를 역량이 충분치 않다는 점이다. 찬양팀을 꾸리는 것도 여의치 않고, 인원이 적어 외부 강사를 초대하는 것도 쉽지 않다. 어떻게 해야 청년부원들이 도전을 받고 공동체도 살리는 수련회가 될 수 있을까?

수련회를 대학생들이 MT를 가듯 자체적으로 다녀오는 것도 좋다. 그 안에서 서로를 깊이 알아 갈 수 있다. 또 찬양팀이 크지 않더라도 기타 또는 키보드 하나만으로도 함께 찬양하고 은혜에 빠져들 수 있다면 좋다. 대신 말씀 안에 깊이 빠져들고 녹아들도록 해야 한다. 하지만 청년사역자가 자체 역량으로 수련회를 끌고 가기가 너무 벅찰 경우, 외부의 연합수련회를 적절하게 활용하는 것도 좋은 방법이다. 외부 연합수련회의 경우 여러 가지 장점이 있다.

첫째, 여러 교회들이 함께 모이는 대규모 수련회이기에 찬양과 기도에 은혜가 있다. 전문적인 찬양팀의 연주와 많은 청년이 함께 열정적으로 부르는 찬양은 현장에 있는 것만으로도 은혜가 된다. 또한 함께 뜨겁게 기도하는 시간은 기도의 도전과 자극이 된다.

둘째, 검증된 강사를 통해 집회에서 도전과 은혜를 받는다. 개 교회에 초대하기 어려운 강사들이 연합집회에 초대되어 온다. 좋은 강사와의 만남을 통하여 하나님의 은혜를 경험하도록 하는 것은 분명 좋은 기회다.

셋째, 다양한 선택 특강은 청년들의 다양한 관심사에 대한 욕구를 충족시켜 준다.

넷째, 수련회 주최 측에서 제공하는 식사가 있기에 식사에 대한 고민이 없다.

하지만 연합수련회를 선택할 때는 다음과 같은 점을 고려해야 한다.

첫째, 다양한 강사가 집회를 인도하기에 일관성이 결여될 수 있다. 자체적인 수련회 준비의 경우, 청년사역자가 청년 공동체의 상황에 적절한 일관성 있는 메시지를 준비하여 선포할 수 있다는 장점이 있다.

둘째, 연합수련회는 청년부 지체들이 주님을 뜨겁게 찾는 개인적 차원의 영성을 자극하기에는 좋은 동기를 부여하지만, 청년 공동체의 공동체성과 방향을 설정하기에는 아쉬움이 있다.

셋째, 다양한 강사와 특강이 제공되는 장점이 있지만, 다양한 강사가 말하는 것이 교회 공동체에서 양육받았던 것과 서로 충돌할 가능성을 고려해야 한다. 젠더 및 국가 이데올로기, 정치적 이념과 성향, 신앙생활의 신비주의적 성향 등 다양한 강사가 쏟아내는 다양한 이야기들은 때로 청년들에게 혼란을 주기도 한다.

따라서 청년사역자는 연합수련회의 메시지와 강사를 잘 점검해야 한다. 혹 혼란이 있을 경우 잘 이해할 수 있도록 설명해 주어야한다. 특히 강사들의 간증은 청년들에게 도전이 되기도 하지만 워낙 강렬하고 주관적이다 보니 때로는 건강하지 못한 신앙관을 형성시키기도 한다.

이러한 장단점을 고려하면서 청년사역자는 여름, 겨울수련회를 자체적으로 하는 것이 좋을지, 연합수련회를 활용하는 것이 좋을지를 결정해야 한다.

____ 관계에 지치지 않도록 하라

소규모 청년 공동체는 비교적 관계가 가깝고 친밀하다. 그러다 보면 공동체의 지체 중 한둘은 청년사역자를 집요하게 붙들고 관심과 사랑을 요구할 수 있다. 조금만 관심을 덜 주는 것 같으면 어느새 토라지고 공동체에 잘 보이지를 않는다. 한밤중에도 가리지 않고 전화해서 청년사역자에게 자신의 사정을 하소연하며, 어떻게 자신에게 이렇게 무관심할 수 있느냐며 항의하기도 한다.

어떤 청년은 한밤중에 모바일 메시지를 보내며 그리 중요하지 않은 문제로 청년사역자의 관심을 얻으려 한다. 자신이 하고 있는 게임 관련 문자메시지를 보내고, 특이한 가십이나 뉴스거리를 보낸다. 이런 청년 한둘이 있으면 청년사역자의 에너지의 70-80%를 소진시킨다.

따라서 청년사역자는 이런 관계를 지혜롭게 관리할 필요가 있다. 에너지를 많이 쏟아야 할 청년 같으면 정기적으로 만나되 그의 고민을 좀 더 진지하게 함께 고민할 다른 장년을 자연스럽게 소개하고 연결시켜 주면 좋다. 때로 청년사역자를 집요하게 붙들고 늘어질 경우에는 명확한 경계선을 설정하고 어느 한계 이상은 그에게 에너지와 시간을 더 이상 쏟아 줄 수 없다는 것을 밝혀야 한다. 가능한 관계 초창기에 부드럽지만 단호하게 이야기할 필요가 있다.

청년사역자는 건강하지 못한 관계 역동이 무엇인가를 살피고 이를 지혜롭게 관리할 수 있는 방법에 대해 고민해야 한다.

___ 두세 사람이라도 모여라

공동체의 규모가 작을 때 기도회나 리더 모임은 생략하기 쉽다. 여기에는 몇 가지 이유가 있다.

첫째, 소규모 청년부에서 리더로 섬기는 청년들은 대부분 교회학교나 다른 곳에서 중요한 사역들을 감당하고 있다. 하루 종일 교회에서 여러 봉사를 맡아 동분서주하느라 바쁘고 지치는데, 청년부 모임을 위한 중보기도회와 리더 모임은 부담을 더하는 일이다.

둘째, 개개인의 삶이 너무 바쁘다 보니 서로의 스케줄을 맞추기가 어렵다. 이런 경우에는 청년 공동체의 규모가 작고 또 모임도 유동적인 경우가 많다. 아직 공동체가 제대로 형성되지 않았기에 공동체성도 약하고, 리더로서의 정체성도 약할 때다. 그렇기에 청년 공동체를 위한 리더 모임 혹은 중보기도는 늘 2순위로

밀린다.

셋째, 청년 공동체의 규모가 작기에 그렇게까지 수고하고 헌신할 필요가 없다고 생각한다. 중보기도나 청년부 리더 모임 없이도 주일 청년부 모임을 하는 데는 큰 지장이 없다고 생각한다.

하지만 두세 사람의 기도자라도 주님의 이름으로 모여 기도하는 것은 중요하다. 그곳에 임하는 주님의 능력을 경험할 수 있기 때문이다. 적은 무리가 모이더라도 주님의 이름으로 기도하기 시작하면 하나님이 일하시기 시작한다. 중보기도와 리더 모임의 불씨를 살리면 어떤 일이 일어날까?

첫째, 공동체를 위해 간절히 기도하면 공동체를 찾아온 청년부 지체를 향한 시선이 달라진다. 하나님이 우리에게 보내 주신 소중한 선물로 보이는 것이다. 그렇기에 더욱 관심을 갖고 사랑으로 대하고 말씀으로 함께 권면하며 자라 간다. 더 나아가 지체들을 위한 간절한 중보기도가 이어진다. 간절한 중보기도는 풍성한 응답을 가져온다. 비록 규모는 작아도 그 안에 꿈틀거리는 하나님의 역사를 맛보게 된다.

둘째, 간절히 기도하면 예배와 청년부 모임을 사모하는 마음이 더해지고, 예배 가운데 전심으로 찬양하고 기도하게 된다. 또 은혜도 풍성히 경험한다. 이것은 비록 인원이 적더라도 예배 역동성을 형성한다.

셋째, 리더 모임까지 충실히 준비할 경우, 작은 모임이라도 소그룹에서 친밀감을 찾고 모임에 대한 애착감을 형성한다. 이는 소그룹이 이전보다 활성화되는 데 기여한다.

이전에 중소도시에 있던 한 청년 모임에서는 소수의 청년들이 모여 기도회를 시작했다. 그런데 그 기도회에 성령의 기름 부으심이 임하자 참여하는 이들이 통곡하며 회개하고, 하나님의 역사를 경험하고, 사명과 은사를 받는 역사가 일어났다. 찬양도 점점 뜨거워졌다. 그렇게 시작된 기도 모임은 수백 명으로 성장하다가 많게는 1천여 명까지 성장하는 역사가 일어났다.

규모가 작다고 기도 모임을 생략하지 말라. 규모가 작으니 주님의 도움이 더 많이 필요하다. 간절한 기도 가운데 임하시고 역사하시는 주님의 역사를 기대하고 사모하라.

★ ★ ★ ★ ★ ★ ★ ★ ★ ★ ★ ★ ★ ★ ★ ★ ★ ★ ★

청년사역은 사람을 세우는 사역이다.
어떻게 청년들을 훈련시켜
적재적소에 배치할 것인가가 사역의 핵심이다.

★ ★ ★ ★ ★ ★ ★ ★ ★ ★ ★ ★ ★ ★ ★ ★ ★ ★ ★

8장

30-100명
중규모 공동체

비행기를 타고 이동하다 보면, 항공기의 속도가 시속 1,000km에 육박할 때가 있다. 상당히 빠른 속도다. 그런데 이런 의문이 든다. 이것보다 더 빠르게 날 수는 없을까? 그러나 이보다 더 속도를 내면 상당한 장벽에 부딪친다. 시속 1,000km면 초속 330m인데, 초속 340m로 속도가 올라가면 마하(mach) 1.0의 속도다. 시속으로 계산하면 약 1,200km/h가 넘는다. 그런데 마하 1.0의 속도로 가려면 음속 장벽을 돌파해야 한다. 음속 장벽을 돌파하려면 공기 저항, 항공기의 동체 구조의 강성, 연료 문제 등 고려해야 할 문제가 많아진다. 즉 시속 1,000km 이상의 속도를 내는 일은 만만치 않다.

이처럼 청년 공동체가 30명을 넘어가는 것은 마치 음속 장벽을 돌파하는 것과 같다. 공동체가 30-100명의 공동체가 되었다는 것은 큰 은혜이고 복이다. 30명을 넘어갔다는 것은 공동체가 그동안의 익숙한 관계를 넘을 수 있는 어떤 강점을 갖추게 되었음을 의미한다.

____ 공동체의 성장 시스템을 구축하라

청년 공동체가 30명을 넘어가기 시작할 때 자칫 빠져들기 쉬운 유혹이 있다. 여러 가지 전도 초청 행사를 통해 청년들을 불러 모으는 것이다. 그러나 이런 행사들은 자칫 일회성 행사로 끝나기 쉽다. 청년들이 와도 이들이 잘 정착하고, 돌봄을 받고, 영적으로 성장하고 공동체에 참여할 수 있는 시스템을 구축해 놓지 않고는 깨진 양동이에 물을 붓는 것과 같다.

중요한 것은 이제부터다. 30명 장벽을 돌파한 청년부가 가진 강점을 살리고 부족한 점을 보완하여 지속적인 성장과 부흥이 가능한 시스템을 구축해야 한다. 30명을 돌파하여 100명으로 성장하려는 청년부는 다음과 같은 사항을 전체적으로 점검할 필요가 있다.

- 청년들이 드리는 예배는 교회를 처음 방문하는 이들에게 역동성과 매력을 느끼게 하는가?
- 청년 공동체의 전도 동력은 무엇인가? 무엇을 통해 청년들이 지속적으로 유입되고 있는가?
- 청년 공동체의 소그룹은 함께 삶을 나누기에 안전하고, 활기차고, 따뜻한 환경을 제공하는가?
- 청년 공동체의 기도 온도는 몇 도인가? 공동체를 위한 뜨거운 기도와 열정이 있는가?
- 예비 리더를 양육하기 위한 시스템이 돌아가고 있는가? 건강한 리더를 세우기 위한 준비는 어떻게 이루어지는가?
- 행정리더(임원들)가 얼마나 열정을 갖고 공동체를 섬기는가? 이들은 공동체를 섬길 충분한 동기부여가 되어 있는가?
- 공동체성을 강화하기 위한 지속적인 프로그램이 있는가?
- 청년들 개개인이 말씀 위에 살아가는 데 얼마나 헌신되어 있는가?
- 청년들은 얼마나 공동체에 대한 애정을 갖고 있는가?

- 새가족을 환대하는 문화는 얼마나 잘 정착되었는가? 새가족이 얼마나 공동체에 잘 녹아드는가?

____ 연령대를 고려하여 청년부를 분리하라

교회를 찾아온 청년이 있었다. 교회 근처로 이사를 오면서 지인의 추천으로 교회에 오게 되었다. 청년은 이곳에서 성실하게 신앙생활을 했고, 자연스럽게 청년 공동체에 들어갔다. 그런데 얼마 후 청년과 함께 이야기를 나누는데 청년부에 들어가기가 좀 당황스럽다고 했다. 나이가 문제였다.

이 청년은 30대 초반의 청년이었는데, 교회 청년들은 대부분 대학생들, 게다가 저학년 중심이었다. 더러는 나이 차이가 10년 이상이나 났다. 이곳이 자신이 있어야 할 자리인가에 대한 것에서부터 여러 가지 생각이 교차했다. 그런 데다 어린 학생들 일부가 그 안에서 나름대로의 핵심층을 형성하고 있어, 이 청년을 은근히 밀어내려 했다.

이렇게 성실한 청년이 청년 공동체 정착에 어려움을 토로한다면 누구도 청년부에 정착하기가 쉽지 않으리라 직감했다. 그래서 다음 해에 청년부를 1청년부와 2청년부로 나누었다. 연령 기준은 27, 28세였다. 27세까지가 1청년부, 28세 이후부터가 2청년부였다. 이후 교회에는 20대 후반-30대의 청년들이 유입되기 시작했다. 교회에 30대 청년부가 생겼다는 교회 광고를 보고 성도들이 주변에 알고 있던, 30대 청년들을 교회로 초대하기 시작했다. 신앙생활을 하다가 쉬고 있는 청년, 나이가 많아 청년부에 나가지 못하는 청년들을 초대하자 이들이 몰리면서 2청년부가 성장하기 시작했다. 한때 공동체의 3분의 2가 결혼해 나가기도 했지만 나중에는 1청년부와 대등한 수준으로 성장했다. 당시 2청년부를 시작했던 청년은 특유의 친화력과 성실함으로 공동체의 구심점이 되었다.

2청년부가 새롭게 구성되면서 좋은 점이 있었다. 비록 사람이 적어도 거기에는 핵심층, 즉 원로 그룹이 만들어지지 않았다는 것이다. 모두 새로운 마음으로 공동체 생활을 시작했고, 누구도 주인이라는 원로 의식 없이 청년부에 오는 이들을 기쁘게 맞이하고 환영했다.

___ 사역 구조의 기어 변속이 필요하다

자동차가 고속으로 달리려면 기어를 변속해야 한다. 기어는 자동차 엔진의 힘을 상황에 따라 다르게 전달하는 역할을 한다. 처음에 지상에서 출발할 때는 저속 기어의 강한 토크로 바퀴를 굴러가게 만들어야 자동차가 힘 있게 나아간다. 그러나 언제까지나 저속 기어로 달릴 수는 없다. 1단으로 시속 60-70km를 달리려면 엔진이 과열되고 연료가 너무 많이 소비된다. 이럴 때는 속도에 맞는 3단, 4단으로 변속해야 한다. 그래야 자동차의 에너지를 효율적으로 사용하며 빠르게 달릴 수 있다.

청년사역도 마찬가지다. 청년부가 1-30명일 때는 공동체를 일으키기 위해 청년사역자 1인과 소수의 리더들의 추진력과 힘이 필요하다. 소수의 리더가 한 사람, 한 사람에게 깊은 관심을 갖고 돌보며 사역의 많은 에너지를 일으켜야 하는 단계다.

반면, 공동체의 규모가 30명이 넘으면 더 이상 소수의 힘으로 공동체의 구성원을 일일히 돌볼 수 없다. 이때는 사역 구조에 변화를 주어 청년사역의 기어 변속을 시도해야 한다. 30명 이상부터 청년부 사역 구조를 갖추지 않으면 중심적인 역할을 감당하는 몇몇 지체가 탈진하는 일이 벌어진다. 따라서 20명이 넘어가면서부터는 서서히 중규모에 맞는 청년사역 구조를 갖출 준비를 해야 한다.

그렇다면 기어를 변속한다는 것은 무슨 의미일까? 첫째, 소수에게 집중되던 과도한 사역 부담을 여러 지체들과 함께 나눈다는 뜻이다. 둘째, 그동안 섬김을 받던 지체들이 이제는 사랑의 빚진 자로 함께 섬긴다는 뜻이다. 셋째, 사랑의 빚진 자로 섬길 때 훈련과 교육을 통하여 모두가 각자의 방식을 버리고 한마음으로, 한뜻으로 섬긴다는 뜻이다.

이러한 원리를 바탕으로 한 기어 변속의 구체적인 방법들은 다음과 같다.

첫째, 행정리더와 목양리더를 분리하는 것이다. 규모가 작을 때는 회장과 부회장 혹은 회장과 총무가 청년사역자와 함께 행정과 목양 대부분 다 감당한다. 그러나 이 규모에서는 할 수 있는 한 둘을 나누어야 한다. 보통 청년부 인원이 15명 이상이 되면 이러한 구조가 가능해진다. 과감하게 나누고 사역을 분리해야 더 힘 있게 사역할 수 있다. 이러한 분리와 함께 행정리더와 목양리더를 훈련하여 사역할 수 있도록 준비시켜야 한다.

둘째, 예비 리더를 배출할 수 있는 시스템을 정규적으로 마련해야 한다. 그래야 공동체를 섬길 마인드를 갖고 함께 사역을 나눌 지체들이 꾸준하게 준비된다. 훈련 없이 그냥 맡기면, 조금 하다가 충돌하기 쉽다. 사람은 보통 자신에게 익숙한 방식으로 사역을 감당하기 마련인데, 그렇게 하다 보면 공동체의 방향과 다른 방향으로 가게 되고 여기서 충돌이 일어나기 쉽다. 청년부가 15명 이상이 될 때부터 예비 리더 과정은 필수다. 만약 청년부 자체로 예비 리더 과정을 운영하기 어려울 경우, 장년부의 예비 리더 과정과 함께 훈련받게 해도 좋다.

셋째, 새가족을 환영하고, 양육하는 시스템이 필요하다. 새가족이 정착하도록 하는 것이 성장의 중요한 요소다. 물론 청년회장도 반갑게 환영하겠지만, 새가족을 환영할 리더가 필요하다. 그리고 필요한 경우 일대일 또는 새가족 소그룹으로 새가족의 정착을 도울 필요가 있다. 공동체의 규모가 작더라도 배치할 소그룹이 핵심층을 형성하는 배타적인 그룹인 경우, 조금 시간이 걸리더라도 함께 어우러질 수 있는 새로운 그룹을 형성해 주는 것이 좋다.

_____ 예배, 전도, 양육, 기도가 기본이다

청년사역의 기어 변속의 목표는 청년 공동체 안에서 위프가 돌아가게 하는 데 있다. 즉 예배, 전도, 양육, 기도의 네 축들이 견고히 설 때 30명의 공동체가 100명 이상의 공동체로 꾸준하게 성장할 수 있다.

첫째, 30명 이상의 공동체에는 예배의 감격이 있어야 한다. 30명의 공동체로 별도의 독립적인 예배를 드리는 것은 무리다. 하지만 50-70명이 되면 생각이 달라진다. 별도의 예배를 드리고 싶은 마음이 든다. 그러나 이 정도로 예배 동력을 살리기에는 충분하지 않다. 독립적인 예배를 드리려면 찬양팀이 필요한데, 찬양팀 악기와 싱어로 섬기는 지체들과 예배 안내 위원까지를 제외하면 실제로 예배를 드리는 인원은 30-50명 정도밖에 없다. 별도의 독립적인 예배는 적어도 100-150명 이상의 인원이 함께 드릴 때 예배의 역동성이 살아나기 시작한다.

예배의 지속적인 역동성은 중요하다. 그러나 역동성의 핵심은 하나님께 영광 돌리고, 예배의 감격을 경험하는 것이다. 이 예배가 청년끼리 드리는 예배인가 아닌가는 부차적인 문제다. 이 예배가 젊은이들이 와서 주님을 뜨겁게 경험하고 성령의 임재를 경험할 수 있는 예배인가가 중요하다.

그렇다면 30-100명 규모의 청년 공동체의 예배 역동은 어떻게 고려하는 것이 좋을까? 두 가지다. 하나는 대예배에 청년들의 참여를 늘리며 예배 역동을 경험하도록 한다. 냉정하게 생각하면 청년이 이렇게 늘어나기까지 이들이 경험한 예배의 역동성은 청년 예배가 아니라 장년들과 함께 드리는 예배였다. 의외로 많은 청년들이 대예배를 드리면서 마음의 안정을 갖는다. 특송, 찬양대, 찬양팀, 안내 등에 청년들의 참여를 늘려라. 예배의 분위기가 젊어진다. 또 하나는 오후 예배를 장년과 청년이 함께 드리는 젊은이 예배로 기획하는 것이다. 이 예배의 기도와 광고는 청년들을 중심으로 배치한다. 장년들은 오후 예배 개념으로, 청년들은 청년 예배 개념으로 함께 드리면 좋다. 그렇게 되면 신앙생활을 권면하고 싶은 부모님들이 청년 자녀들을 데리고 와서 함께 예배를 드릴 수 있다. 동시에 찬양과 기도가 청년들 못지않게 열정 있는 장년들의 영향으로 예배의 역동이 살아난다. 젊은이 예배 때는 별도의 찬양팀을 꾸려 뜨겁게 20-30분 찬양하고, 대표기도와 광고, 그리고 곧바로 설교로 들어가는 단순한 형식을 택하는 것도 좋다. 현재 대전도안교회는 오후 예배를 '젊은이 예배'로 부른다. 이는 청년들이 드리는 청년 예배라는 의미도 있지만, 나이에 상관없이 마음만 젊으면 누구나 젊은이 예배로 오라고 초대하는 것이다. 그 결과 장년들도, 청년들도 함께 풍성하게 어울리는 젊은이 예배가 된다.

또한 예배에 참여하는 인원이 많을 때 예배를 드리러 찾아오는 청년들이 조용히 예배에 집중할 수 있어 안심한다. 청년들의 경우, 처음 예배드리러 왔을 때 자신들이 너무 눈에 띄면 당황한다. 이들은 보통 조용히 와서 예배를 몇 차례 드리다가 예배를 통해 은혜를 경험하면 마음을 열고 공동체에 적응하기로 결심한다. 따라서 예배를 장년과 함께 드리더라도 보다 역동적으로 드릴 수 있다면 이렇게 드리는 것도 좋다.

둘째, 전도의 축이 견고히 서야 한다. 청년들이 예배를 통해 오는 경우도 많고, 또 친구의 초청으로 오는 경우도 많다. 이들이 와서 공동체에 남으려면 반드시 따뜻한 중그룹과 소그룹이 있어야 한다. 무엇보다 청년들이 예배 후 별도로 모이는 중그룹에서 따뜻함을 느낄 수 있어야 한다. 청년들이 '아, 이 교회 청년부가 참 좋다'라고 느끼는 것은 처음 중그룹에 와서 따뜻함을 경험할 때다. 서로 다가와서 반갑다고 인사하고, 자신의 이름을 소개하며 환영해 주고, 미소지어 줄 때 청년은 비로소 자신이 참 잘 왔다는 생각을 하게 된다.

청년 공동체가 30-100명이 됐을 때, 만약 공동체에 이런저런 모양의 열린 모임이 있다면 시너지 효과가 커진다. 열린 모임을 통해 전도되는 청년들이 따뜻한 청년 공동체를 보고 안심하게 되고, 좋은 청년들을 여럿 만나며 마음이 열린다. 또 공동체의 규모가 어느 정도 커지면 열린 모임을 돕고 후원할 수 있는 청년들이 많아진다. 자연스럽게 열린 모임도 더 힘을 얻게 된다. 전도의 축이 서면 공동체가 아직은 그리 크지 않아도 청년들이 꾸준히 유입되고 자리잡게 된다.

셋째, 양육의 축이 견고하게 서야 한다. 지식적 양육도 필요하지만, 관계적 성장을 위한 양육이 많이 필요하다. 서로를 섬길 수 있도록 준비시키는 양육, 리더로 섬길 수 있도록 구비시키는 양육, 서로의 삶을 나누고, 격려하고, 힘을 주는 양육 등이다.

넷째, 기도의 축이 서야 한다. 30명 이상의 공동체에서 기도 모임이 활성화되기 시작하면 예배 가운데 큰 은혜를 받고 공동체 성장에 동력이 생긴다. 기도는 예배가 성령의 불로 불타오르기 위한 기름을 공급한다. 청년 공동체에 기도의 근육이 붙게 하라.

_____ 예배와 소그룹을 연결하라

공동체가 성장하는 데 소그룹의 활성화는 매우 중요하다. 소그룹은 단순한 친교 모임이 아니다. 예수 그리스도의 몸인 교회를 진리 안에서 인격적으로 경험하며 함께 천국을 이루어 가는 자리다. 따라서 소그룹을 어떻게 운영할 것인지는 매우 중요하다. 소그룹은 성경공부 교재를 선택하여 진행할 수도 있고, 제자훈련 교재를 갖고 훈련을 할 수도 있으며, 큐티 나눔을 할 수도 있다. 일반적인 방식은 청년들이 드린 예배 가운데 선포된 설교로 나눔을 하는 것이다. 이상적인 것은 큐티와 설교와 소그룹이 연계되는 것이다.

필자가 섬기는 교회의 청년부는 큐티책 본문을 따라 새벽기도회 설교를 하고, 큐티책에 나온 주말 그룹 나눔 본문을 중심으로 젊은이 예배 설교를 진행하고 있다. 이렇게 하면 젊은이 예배 설교 본문은 이미 새벽예배에서 한 번 다루게 된다.

청년들에게는 매주 큐티를 하거나 새벽 설교를 듣게 하고, 리더 모임에서는 주말 그룹 나눔 교재를 함께 공부하며 소그룹 나눔을 준비하도록 한다. 청년들은 새벽에 큐티 본문 설교를 듣거나 큐티를 하고, 리더들은 리더 모임 때 본문을 한 번 더 깊이 있게 공부하며 나눔 준비를 하고, 주일 젊은이 예배 때 다시 주중에 묵상했던 본문으로 설교를 듣는다. 들었던 본문이므로 비교적 익숙하게 풍성한 나눔을 진행하는 편이다. 이처럼 소그룹 나눔이 활성화되려면 가능한 예배와 소그룹 나눔이 긴밀하게 연계되도록 할 필요가 있다.

_____ 미디어를 활용하여 소문을 내라

청년 공동체가 연령에 따라 1청년부와 2청년부로 분리되고 중그룹 모임 인원이 50명을 넘기 시작하면 서서히 공동체에 대한 소문이 나기 시작한다. 중그룹 모임 인원이 50명을 넘으면 예배 인원은 70-80명 정도가 되고, 예배의 역동성이 서서히 살아나게 된다. 게다가 예배가 장년과 함께 드리는 젊은이 예배라면 예배 인원이 150-200명 정도 되므로 예배의 역동성은 더욱 살아난다.

예배의 역동성이 소문이 나면 예배를 경험하기 위해 찾아오는 무명의 청년들이 늘어난다. 이때 청년들이 청년 예배를 경험하고 좋은 인상을 받으면 젊은이 예배에 대한 소문이 더 멀리 퍼져 간다. 이럴 때 청년들과 함께 보다 적극적으로 청년 공동체에 대한 소문을 낼 필요가 있다.

얼마 전 한 교회에서는 인터넷 포털사이트를 통해 그 지역의 이름과 함께 교회를 검색해 보고는 깜짝 놀랐다고 한다. 규모에 비해 교회에 대한 정보가 거의 검색되지 않았기 때문이다. 이때부터 교역자와 교인들이 인터넷에 교회를 검색하면 다양한 정보를 접할 수 있도록 포털사이트와 SNS를 통해 보다 적극적으로 교회를 알리기 시작했다. 그 결과 교회는 그 지역의 교회를 검색하면 상위 다섯 번째 교회 안에 들게 되었다. 교회는 이처럼 인터넷을 활용한 것이 교회 성장에 일부 기여했다고 평가하고 있다.

지역에서 주목할 만한 청년 공동체로 소문이 나게 하라. 청년들의 각종 SNS 계정을 적극 활용해도 좋다. 다양한 포털사이트의 대화나 블로그에 교회가 자주 노출되도록 하라. 물론 이렇게 하기 전에 젊은이 예배의 역동성과 공동체의 매력을 갖추어야 함은 물론이다. 이런 것 없이 소문만 무성하면, 나중에 좋지 않은 평가가 올라올 수 있고, 이는 오히려 좋지 않은 영향을 끼칠 수 있다.

___ 외부 사역과 협력하라

청년 공동체가 30-100명 정도가 되면 외부 사역의 도움을 받을 환경이 마련된다. 이성교제, 결혼예비학교, 소그룹 예비 리더 학교, 크리스천 코칭 등 청년사역자 개인의 역량으로 다 감당할 수 없는 부분을 외부 사역자를 초대하여 전문적인 영역에 대한 도움을 받을 수 있다.

청년 공동체는 청년사역자의 역량 이상으로 자라기 어렵다. 따라서 청년 공동체를 성장시키려면 청년사역자의 개인 역량과 영성이 자라야 하고, 그것이 어려울 때는 전문가를 초대하여 의탁할 수 있다. 따라서 청년 공동체가 30-100명 정도가 되면 공동체가 다양한 경험을 통해 자라 갈 수 있는 기회가 보다 풍성해진다.

특별히 상황에 따라 주변 선교단체와의 협력도 지혜로운 방법이 될 수 있다. 사실 선교단체와의 협력은 서로 간에 부담스러운 부분이 될 수 있다. 선교단체는 오랜 세월 노하우가 쌓인 탄탄한 조직력을 바탕으로 청년들을 철저하게 훈련시키기 때문에, 선교단체 활동을 하면서 교회 활동을 할 여력이 별로 없다. 사실 교회로서는 교회에 중요하게 헌신해야 할 청년들이 선교단체로 가면 주요 사역이 타격을 받게 되는 경우가 있다. 어떤 교회의 경우는 교회가 캠퍼스 가까이에 있다 보니 리더십의 절반이 선교단체 출신으로 채워지기도 한다. 이런 경우에는 선교단체 간사와 청년사역자와의 원활한 소통이 중요하다.

서로를 하나님의 나라를 위한 사역자로 인정하고 존중해 주며, 일정을 기획할 때도 서로 간의 일정을 확인하고 배려할 필요가 있다. 지역 교회 목회자가 인근 선교단체 간사들과 함께 식사를 나누며 공동체의 상황을 들어 보는 것도 좋다. 그들을 격려하며 지원해 주는 것도 좋은 방법이다. 지역 교회의 경우 건물이라는 인프라가 있기에, 선교단체가 장소 사용을 요청할 경우 장소를 제공하는 것도 좋은 협력의 출발점이 된다. 선교단체의 여름 수련회 때 교회에서 간식을 제공하는 것도 우정과 협력을 표시하는 좋은 방법이다.

교회는 선교단체에 대한 두려움과 피해의식이 있는 것이 사실이다. 전에 어떤 교회에는 선교단체 간사 한 분이 등록을 했다. 몇 주 지나지 않아 담임목사를 찾아와 후원약정서를 들이밀며 자신을 후원하면 선교단체의 청년들을 많이 데리고 와 청년부가 성장하도록 하겠다고 제안했다. 그 목사님은 이 말을 듣고 기분이 별로 좋지 않았다. 이렇게 온 청년이라면 언제든지 그 간사의 말 한마디에 교회를 떠날 수 있기 때문이다.

교회는 또한 선교단체 출신 목회자가 세운 교회에 대한 경계심도 있다. 선교단체에 있다 보면 그곳에 속한 지체들이 선후배로 연결되어 그곳 간사 출신 목회자가 세운 교회에 다니는 경우가 많다. 그렇게 되면 자연스럽게 선교단체의 선배들이 다니는 교회로 초대를 받게 되고 그곳에 한두 번 다니다 보면 현재 다니는 지역 교회와는 다른 선교단체 특유의 친밀감을 그곳에서 경험하게 된다. 그러다 보면 마음이 끌리고 결국 선교단체 출신의 선배들이 많이 다니는 교회로 몰려가게 된다. 선교단체는 이런 유혹을 주의해야 한다. 이것은 선교단체와 지역 교회와의 관계를 망치는 독이다. 특히 선교단체 출신 목회자와의 관계를 엄격하게 관리하지 않으면 선교단체는 많은 교회와 협력하지 못하고 그곳 출신 선배들과만 협력하는 단체로 전락하기 쉽다.

교회의 편에서 볼 때 선교단체는 교회에 빚을 지고 있다. 선교단체에 들어오는 대부분의 구성원이 교회에서 신앙생활을 하던 기독 청년들이기 때문이다. 이들을 잠시 위탁받아서 양육한다고 생각해야 한다. 따라서 청년들에게 소속된 교회에 잘 다니도록 지역 교회의 중요성을 강조할 필요가 있다. 대부분 선교단체에 없는 내용이 교회론이다보니 지역적 교회의 중요성에 대한 강조가 자연스럽게 없어지고 선교단체 중심의 생활을 강조하고 강요하게 된다. 이런 불균형은 결국 교회와의 거리감을 초래한다. 따라서 선교단체에서 교회를 찾고 있는 청년들이 있을 때, 지금 섬기고 있는 교회의 교인이 되도록 지도할 필요가 있다. 잠시 다니다 말 것이 아니라 한 교회에 뿌리를 내리는 교인이 되도록 격려해야 한다. 또한 선교단체와 관련 있는 선배 목회자가 목회하는 교회와의 관계에 너무 치중하지 않도록 신경 써야 한다.

반면, 선교단체 입장에서 지역 교회에 대한 조심스러움이 있는 것 또한 사실이다. 교회는 선교단체를 하나님 나라의 확장을 위해 진정성 있게 다가가는 단체로 인정하고 존중해야 한다. 교회는 '선교단체를 통해 어떻게 청년부를 성장시킬까?'만을 신경 써서는 안 된다. 교회가 캠퍼스까지 나가서 사역할 수 없는 부분을 선교단체가 치열하게 감당하고 있는 것을 감사하게 여겨야 한다. 그리고 미처 교회의 손이 닿지 않는 캠퍼스의 복음화를 위해 사명감을 갖고 뛰는 이들을 응원하고 후원할 필요가 있다. 또한 선교단체에서 잘 훈련받은 이들이 캠퍼스 생활을 마칠 때 교회가 잘 품고 받아들여 함께 하나님 나라를 확장해 나갈 준비를 해야 한다.

＿＿ 이단의 침투를 경계하라

청년 공동체가 성장하고 주변에 소문이 나기 시작할 때 이단의 침투를 경계해야 한다. 특히 청년 공동체와 상관없이 장년부에 혼란과 어지러움, 당회의 갈등이 있을 때 이단들은 슬그머니 침투한다. 이때 청년부에 새가족이 이전보다 갑자기 많이 등록하는 경우가 있는데, 이럴 때 청년사역자는 이들을 예민하게 관찰해야 한다.

특별히 이단의 침투를 대비하여 새가족 과정 가운데 이단에 관한 과목을 한 시간 이상 넣는 것이 좋다. 그래서 청년들에게 미리 이단 예방주사를 접종시키고 교회가 갖고 있는 공식적인 이단에 대한 방침을, 때로 필요한 경우 교회의 정관 등을 명확하게 설명할 필요가 있다. 더 나아가 필요한 경우 수료 전에 등록한 회원의 주민등록증을 대조하여 그들의 실명을 확인하는 것도 좋은 방법이다. 이단은 종종 거짓으로 이름을 등록하는 경우가 있기 때문이다. 이렇게 한두 번 하면 이단들은 새가족 과정 받기를 상당히 꺼려하는 경향이 있다. 또 이단으로 의심되는 이들의 실명을 확인하면 이들의 이름을 이단 상담소가 갖고 있는 이단 명단과 대조하여 확인할 수도 있다.

이렇게 하다 보면 새가족 과정 때 이단 과목을 듣고 조용히 사라지는 청년들이 이따금씩 보인다. 새가족 과정이 나름대로 이단을 거르는 거름망 역할을 하는 것이다. 더 나아가 청년 공동체는 교리 공부를 강화하고 이단들의 교리와 이에 대항할 수 있는 논리 등을 종종 가르쳐야 한다. 또한 정기적으로 이단 전문가를 초빙하여 이단 예방 특강을 듣는 것도 필요하다.

_____ 돌봄의 분위기를 의도적으로 만들라

30-100명의 공동체는 대형 공동체 못지않게 많은 청년이 새어 나간다. 30-100명 공동체가 성장을 이루어갈 시스템으로 구조 변속을 시행할 때, 일꾼들이 많이 필요하다. 하지만 현실은 생각보다 가용할 수 있는 리더 자원이 부족하다. 리더들은 사역에 서서히 바빠지기 시작하고, 그러다 보면 새로 공동체에 들어와 이제 막 뿌리를 내리려고 하는 이들에 대한 관심이 자칫 사각지대에 놓이기 쉽다. 게다가 30-100명 공동체에서는 서서히 모르는 사람들이 생겨 분위기가 서먹해지는 상황이 생겨난다.

이때 청년사역자가 의도적으로 초신자 또는 새신자가 공동체와 어울려 친해질 수 있는 기회를 마련하는 것이 중요하다. 함께 공동체 놀이를 한다든지, 자주 함께 어울려도 좋다. 공동체에 처음 보는 사람은 무조건 가서 인사하도록 훈련하라. 공동체 중그룹 모임 때 지난 한 주 혹은 두 주 동안 한 번도 이야기를 나누어 보지 못한 지체를 찾아가 3분간 이야기하는 시간을 갖도록 하라. 서로 감사한 제목을 나누도록 하라. 짧더라도 자주 서로를 알아가고 친해질 수 있는 기회를 의도적으로 만들지 않으면 새신자들이 공동체에 정착하는 강도가 약해진다. 이때부터 공동체는 새가족이 많이 유입되어도 정체되는 일이 벌어진다.

9장

100-300명
대규모 공동체

청년 공동체가 100명 이상이면 대형 공동체다. 이 정도 규모 이상이 모이는 경우를 보면 그 배후에 든든한 장년 공동체가 뒷받침하고 있는 경우가 많다. 이러한 뒷받침이 있기에 100명 이상의 청년 공동체는 성장 엔진만 제대로 돌아가면 큰 부흥을 경험할 수 있는 잠재력이 있다. 그렇다면 100명 이상의 대형 공동체가 갖고 있는 잠재력은 어떤 것들이 있을까?

첫째, 100명 이상의 청년 공동체에는 좋은 리더 자원이 많다. 100명 이상 규모의 청년부는 교회 역사가 보통 30-40년 이상씩 된 대형 교회들에 많다. 그 교회에서 어릴 때부터 자란 이들이 청년으로 자라 청년 공동체의 주요 구성원을 이루고 있을 가능성이 크다. 이는 자칫 부정적으로 가면 핵심층 문화를 양산할 수 있지만, 잘 지도할 경우 교회를 위한 든든한 기둥 같은 리더들로 준비되어 흔들림 없이 성실하게 제 역할을 감당할 수 있다. 이것은 큰 강점이다.

둘째, 100명 이상의 청년 공동체는 강력한 찬양팀을 구성할 수 있는 가능성이 크다. 이 정도 규모면 다양한 구성원이 모이게 되고, 음악에 대한 재능이 있는 이들이 많다. 또한 교회의 든든한 뒷받침으로 찬양팀에 필요한 기자재와 예산을 동원할 수 있다. 100명 이상의 청년 공동체에서는 청년 찬양팀의 중요성이 커진다. 이때 팀을 구성할 수 있는 인력과 재정이 뒷받침된다는 것은 큰 장점이다.

셋째, 100명 이상의 청년 공동체는 배후에서 후원하는 장년부의 다양한 자원들을 청년사역에 활용할 수 있다. 이 정도 규모의 청년 공동체가 있는 교회는 그 배후에 다양한 인프라를 갖추고 있는 경우가 많다. 일단, 건물에 다양한 시설이 구비되어 있다. 소그룹, 중그룹, 대그룹 모임을 위해 각각 다른 장소들을 사용할 수 있다. 또한 장년층의 다양한 구성원들이 청년사역에 필요한 여러 가지를 지원할 수 있다. 전에 섬기던 한 교회에서는 청년부가 겨울수련회를 갈 경우, 교회가 소유하고 있는 수련회 장소를 별도의 비용 없이 마음껏 사용할 수 있었다. 뿐만 아니다. 수련회에 교회 청년들의 부모님과 권사님들이 식사 봉사팀을 꾸려 식사를 준비해 주었다. 또 청년 수련회 특강에 교회 내 장년 가운데 전문적인 분야에 종사하시는 분이 강의를 해 주셨다.

이렇게 볼 때 100명 이상의 청년 공동체는 어느 정도 규모가 갖추어진 장년부에서 전폭적인 지원을 받고 더 크게 성장할 수 있는 좋은 여건을 갖고 있는 경우가 많다. 하지만 의외로 많은 100명 이상의 청년 공동체가 100명 초반 대에 머물고 있는 경우가 많다. 풍성한 자원이 그 자체로 많이 있음에도 제자리인 이유는 무엇일까? 청년 공동체 내에 성장 엔진의 불이 꺼져있기 때문이다. 따라서 100명 이상의 청년 공동체가 정체되어 있는 경우, 신속하게 자체 엔진에 어떤 이상이 있는가를 점검하고 다시 불을 붙여야 한다.

____ 공동체의 자원을 파악하라

청년사역은 플라이휠을 돌리는 것과 같다. 플라이휠은 회전에너지를 저장하는 데 사용하는 거대한 원판 모양의 바퀴 장치다. 산업용 플라이휠의 경우 그 크기가 거대하다. 어떤 것은 지름이 10m에 이르고, 두께가 60cm, 무게가 2t에 이르기도 한다. 거대한 플라이휠을 돌리려면 처음에는 많은 에너지가 축적되어야 한다. 에너지가 축적되는 기간에는 플라이휠이 도는 속도도 느리고 힘도 많이 든다. 그러나 에너지가 어느 정도 응축되고 나면 어느 순간부터는 가속도가 붙는다. 이렇게 계속 밀다 보면 점점 속도가 빨라지고 나중에는 힘이 거의 들지 않는다. 회전의 돌파 국면이 일어나기 시작하는 것이다.[33]

100명 이상 규모의 청년사역에도 이런 원리가 적용된다. 청년사역자는 청년사역이라는 플라이휠을 돌리기 전, 청년 공동체가 갖고 있는 자원과 이 안에 응축된 에너지가 무엇인지를 잘 파악해야 한다. 설문 조사도 좋은 방법 중 하나다.

청년사역자가 처음 부임해서 흔히 저지르기 쉬운 실수 중 하나는 공동체에 응축된 에너지를 제대로 파악하지 않고, 공동체의 플라이휠이 정체되거나 멈추어 있다고 해서 전혀 새로운 방향으로 플라이휠을 돌리려고 한다는 것이다. 이전에 해 보지 않았던 전혀 생소한 사역을 시도하려고 도입한다. 그러나 청년사역자는 이때 냉정하게 공동체를 살펴보아야 한다.

청년사역자가 새로 도입하려는 사역을 하지 않았기에 공동체가 지금까지 정체되었는가, 아니면 응축된 에너지를 제대로 발산하지 않아서 플라이휠이 정체되었는가? 많은 경우 정답은 후자다. 청년사역자가 도입하려는 사역이 없어서 성장하지 못한 것이 아니라, 공동체에 에너지가 응축되어 있을 뿐 이것을 원활하게 돌리지 못했기 때문이다. 깃발을 꽂고 우리가 가야 할 곳이 저기라고 선포하기는 쉽다. 그러나 선포와 별도로 공동체는 그리로 가지 않는 경우가 많다. 무관심하고 반대하기도 한다. 이러한 태도는 청년사역자에게 좌절을 안겨 주는 요소가 되기도 한다.

이때 청년사역자는 이런 생각을 해 보아야 한다. '지금까지 어려움 가운데서도 공동체가 100명 이상의 대형 규모를 꾸준히 유지할 수 있었던 저력은 무엇일까? 무엇이 이들에게 이렇게 견고하게 버티는 힘을 주었을까?' 청년부의 정체 앞에서 청년사역자는 그동안 청년부를 정체하게 만든 힘의 양면을 파악해야 한다. 정체라고 하면 부정적인 생각이 들 수 있지만, 다른 한편으로 어느 적정선을 계속해서 지켜 낸 힘이 있다는 뜻이다. 그 힘이 무엇인가를 진지하게 고민하고 파악해야 한다. 이것을 바탕으로 이 저력에 불을 붙이는 방안을 고민하고 찾아야 한다.

정체의 저력 배후에는 힘들고 도망가고 싶어도 하나님이 청년 한 사람, 한 사람에게 주신 청년 공동체를 향한 애정과 더불어 청년들 배후에 있는 믿음의 부모 세대의 눈물의 기도가 있는 경우가 많다. 따라서 청년사역자는 플라이휠이 제대로 움직이지 않는다고 엉뚱한 방향으로 휠을 돌릴 생각을 하기보다, 그 안에 응축되어 있는 에너지에 어떻게 불을 붙일 수 있을까를 고민해야 한다.

____ 하우스다이어그램, 성장의 기둥

100명 이상의 공동체가 되면 다양한 모양의 사역 구조를 갖추게 된다. 대규모의 청년 공동체라면 갖추어야 할 일반적인 사역 구조는 Young2080에서 제시하는 하우스다이어그램을 참고하라.[34]

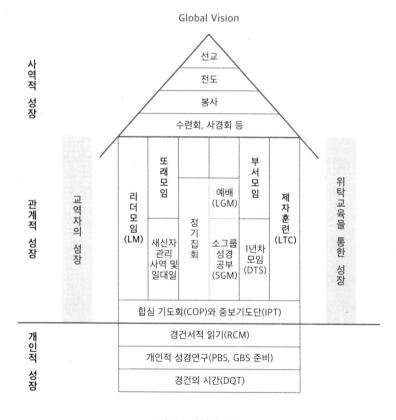

〈하우스다이어그램〉

하우스다이어그램을 보면, 청년 공동체를 성장시키는 건물의 두 기둥이 있다. 첫째는 리더 모임이고, 둘째는 예비 리더 훈련(제자훈련)이다. 이는 100명 이상의 청년사역에서 붙들어야 할 매우 중요한 두 기둥이다.

첫째, 리더 모임은 소그룹 리더와 행정리더를 포함한다. 이들과 매주 만나며 이들이 사역을 잘 감당할 수 있도록 끊임없이 훈련하고 격려해야 한다. 리더 모임을 가질 때 청년사역자가 중요하게 기억해야 할 것이 있다. 이 모임은 의무적인 모임이 아니라, 청년 공동체를 살리기 위해서 꼭 필요한 모임이 되어야 한다는 것이다. 모임에 참여할 때 리더 개인의 역량도 계발되고, 본인이 감당하는 사역에 큰 도움이 되도록 해야 한다.

청년사역자는 리더 모임을 할 때마다 개인 경건생활(큐티, 성경 읽기, 기도)을 귀에 딱지가 앉을 정도로 강조해야 한다. 그래서 리더라면 자연스럽게 경건생활이 몸에 배일 수 있도록 해야 한다. 행정리더도 성장할 수 있도록 도와야 한다. 단순히 임원회의로 끝날 것이 아니라 임원들과 함께하며 다양한 자극을 주고 청년 공동체를 기쁘게 세워 가며 발전하도록 도와야 한다.

리더 모임과 함께 예비 리더 훈련을 든든하게 세워 가야 한다. 예비 리더 훈련은 두 가지 방법으로 접근한다. 먼저는 도제식 훈련이다. 리더를 도와 소그룹을 함께 섬기는 부리더와 잠재적 리더다. 부리더는 리더 모임에 함께 참여하도록 권면하여 리더 모임을 통하여 점점 사역 역량을 함께 기르도록 하고, 예비 리더는 소그룹에서 리더가 그에게 다양한 역할을 맡기며 소그룹을 함께 섬기도록 하는 것이다.

둘째, 정규적인 훈련이다. 이는 리더 훈련 과정을 통하여 훈련하는 것이다. 청년사역자는 예비 리더 훈련을 통해 어떤 역량과 모습을 갖춘 청년 리더를 세우기 원하는지를 명확하게 해야 한다. 공동체가 원하는 이상적인 리더상이 무엇인지를 설정하고, 이러한 역량을 갖춘 리더를 세우기 위한 훈련 과정을 짜라.

뜨겁게 기도하는, 돌파력을 갖춘 리더를 세우기 원하는가? 생기 있는 소통을 통해 소그룹을 살아나게 하는 리더를 세우기 원하는가? 하나님의 사람으로 세상과 벗하지 않는 경건하고 신실한 리더를 세우기 원하는가? 영적 군사를 키우기 원하는가? 구체적으로 바라는 모습들을 그려 보라. 그리고 이런 모습으로 청년 리더를 준비시키려면 어떤 커리큘럼과 훈련 과정이 필요한지 생각해 보라. 그렇게 되면 각 공동체에 맞는 최적화된 예비 리더 훈련 프로그램을 갖추게 될 것이다.

청년 공동체가 성장하는 데 중요한 또 다른 요소가 있다. 이는 청년사역자가 성장하는 것이다. 청년사역자는 바쁜 사역 가운데서도 지적, 감성적, 순종의 영역에서 성장이 계속되어야 한다. 청년사역자가 성장하는 만큼까지 공동체도 성장할 수 있다. 청년사역자가 정체되고 자기 문제로 씨름하면 공동체도 정체될 가능성이 크다.

청년사역자의 자기 발전은 크게 두 가지 차원이 있다.

첫째, 지속적 성장이다. 이는 평소에 지속적으로 지, 정, 의의 차원에서 성장을 도모하는 것이다. 저수지에 물이 고이듯, 청년 사역자가 점진적으로 성장할 때 이 성장의 단물이 공동체로 흘러 들어간다.

둘째, 국면 돌파의 성장이다. 이는 청년사역자가 사역을 감당하면서 맞닥뜨리는 어려움을 돌파하면서 경험하는 성장이다. 예를 들어 청년사역자가 예비 리더 훈련을 준비해야 할 필요성 앞에 직면했다고 하자. 그렇게 되면 청년사역자는 양질의 훈련 프로그램을 구성하기 위하여 다양한 자료, 경험 등을 축적하며 이 국면을 헤쳐 나간다.

전에 섬기던 청년 공동체가 한창 부흥할 때, 필자는 여름 4주간 사역 현장을 떠나 미국 하와이 마우이섬에 갔다. 이곳에 있는 하가이리더십센터(Haggai Leadership Institute)에서 실시하는 크리스천 리더십 훈련을 받기 위해서였다. 이곳에서 전 세계 32개국에서 온 60여 명의 크리스천 리더들과 함께 4주간 집중적인 리더십 훈련을 받았다. 4주간 공동체를 떠난다는 것이 큰 부담이었다. 하지만 이곳에서의 훈련을 통해 예비 리더 훈련을 위한 좋은 통찰을 얻게 되었다. 사역을 바라보는 관점과 리더십에 대한 이해가 이전보다 넓고 깊어졌다.

마우이에서의 훈련이 계기가 되어 한국으로 돌아와 곧바로 12주 과정의 일종의 예비 리더 훈련인 '제자훈련학교'(DTS)를 준비하여 실행했다. 제자훈련학교의 핵심적인 내용의 상당 부분은 하가이리더십센터에서 교육받은 내용들이다. 이때 실시했던 제자훈련학교는 청년 예비 리더를 훈련시키는 데 적중했고, 양질의 리더를 배출하는 데 결정적인 역할을 했다. 이처럼 청년사역자는 지속적으로 발전하고 좋은 훈련의 기회를 사모해야 한다.

100명 이상의 청년 공동체가 되면 부서 모임과 또래 모임도 서서히 중요해진다. 100명 이상이면 또래 모임도 활기가 생기고 동기의식이 형성된다. 부서 모임은 소그룹 이외의 다양한 사역팀으로, 청년 공동체 내의 다양한 사역 욕구들을 발산하도록 한다. 사회봉사, 중창단, 방송, 음향, 중보기도 모임, 선교 후원 모임 등 다양한 사역 모임이 일어날 수 있다.

여기서 제시하는 하우스다이어그램은 사랑의교회라는 초대형 청년 공동체를 모델로 삼아 제작된 것이기에 모든 요소가 다 적용되지는 않는다. 하지만 공동체를 떠받치는 두 기둥으로 리더모임과 예비 리더 모임의 중요성을 강조하고, 그 배후에 사역자의 성장을 강조한 것은 주목할 필요가 있다.

일반적으로 100명 이상의 공동체의 사역 구조는 천안중앙교회 청년대학부 하우스다이어그램을 참조하면 좋다.[35] 이 그림에 따르면 청년사역의 성장을 떠받치는 두 개의 주요 기둥은 예배와 소그룹이다. 예배와 소그룹을 긴밀하게 연결시켜 주는 가로 지지대가 리더 모임과 예비 리더 모임, 그리고 동기 모임이다. 이렇게 볼 때 사역의 핵심 구조는 예배, 소그룹, 리더 모임, 예비 리더 모임, 동기 모임이다. 이 다섯 가지의 사역이 견고하게 서면 청년 공동체 부흥의 플라이휠이 돌아가기 시작한다.

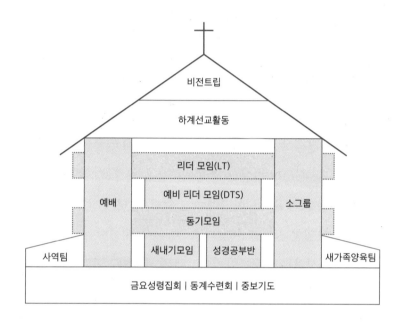

〈천안중앙교회 청년대학부 하우스다이어그램〉

___ 청년 예배 시 필수 요소

청년 공동체가 100명 이상이 되는 교회의 경우 플라이휠을 돌리기 위한 에너지를 가장 먼저 예배에 쏟아붓는 것이 좋다. 그동안 정체된 공동체를 깨워 움직이게 하려면 먼저 예배에 불이 붙어야 한다.

100명 이상이 되는 청년 공동체의 경우 별도의 독립적인 청년 예배를 드리는 경우가 많다. 설교 또한 청년사역자가 직접 담당

한다. 매주 설교를 준비하는 것은 고된 일이지만, 청년사역자는 이 일에 혼신의 힘을 기울여야 한다. 별도의 청년 예배라면, 설교 후 말씀을 붙들고 찬양과 기도로 하나님의 보좌 앞에 더 깊이 나아가는 시간을 갖도록 하라. 이 시간에 회개와 감격의 눈물이 터져 나오기를 사모하라.

150명 정도 모이던 청년 공동체에 부임했을 때였다. 다른 변화를 주기 전에 먼저 예배에 집중했다. 그러자 예배가 살아나며 은혜로운 예배, 눈물이 있는 예배가 드려지기 시작했다. 살아 있는 예배, 성령의 역사하심이 충만한 예배가 드려지자 청년들이 일어나기 시작했다. 그토록 굳어 있던 공동체가 꿈틀대기 시작했다. 예배 역동성이 살아나면 다른 사역들도 자연스럽게 일어나고 자원하는 이들이 몰려온다. 하지만 예배 역동성이 충분하지 않은 상태에서 다른 사역으로 눈을 돌리면 저항이 만만치 않다.

청년사역자가 별도의 공동체 예배를 이끌어 갈 때 유념할 점이 있다. 첫째, 교회론을 중요하게 가르쳐야 한다. 별도의 독립된 청년 예배와 공동체가 있다 하더라도 이것이 어떻게 주님의 소중한 몸 된 교회를 이루는지, 교회가 왜 청년들에게 중요한지를 가르쳐야 한다.

둘째, 담임목사와 청년들의 좋은 가교가 되어 주어야 한다. 독립된 청년 공동체는 교회 전체 안에 어우러져야지 자칫 외딴섬에 갇혀서는 안 된다. 독립성을 강조하다 보면 별도로 분리하고자 하는 생각들을 갖게 되는데 이는 자칫 교회 전체에 어려움과 혼란을 초래할 수 있다. 이런 면에서 청년사역자는 청년들이 담임 목사의 영향을 긍정적으로 받아들이도록 힘써야 한다.

셋째, 그리스도 중심적 설교를 해야 한다. 청년 공동체가 별도로 예배를 드리기 시작할 때 이들의 가슴에 복음을 심어야 한다. 설교가 자칫 윤리적, 도덕적, 심리적, 경영학적 설교가 되어서는 안 된다. 그리스도 중심적 설교에 관해서는《팀 켈러의 설교》(두란노, 2016)를 참조하면 좋다.[36]

___ 성숙한 리더가 성장의 동력이다

예배가 살아나면 새가족이 서서히 예배를 통하여 몰려오기 시작한다. 이럴 때 이들이 잘 정착할 수 있도록 돕는 양육 시스템이 필요하다. 100명 이상의 청년 공동체에는 어느 정도 나이가 있고 성숙한 청년들이 있다. 이들을 새가족 리더로 영입하면 큰 도움이 된다.

새가족 양육 과정은 보통 4-6주 정도를 진행하며, 양육 교재는 청년사역자가 직접 공동체의 상황에 맞게 만드는 것이 좋다. 이런 내용으로 구성할 수 있다.

1) 참 잘 오셨습니다! : 각자 교회에 오게 된 사연과 동기, 교회의 역사와 청년 공동체가 형성된 역사, 청년 공동체의 핵심 가치와 추구하는 방향, 모임 등을 소개한다.

2) 예수 믿는다는 것은 무엇인가요? : 초신자를 위한 부분으로, 믿음의

기초, 구원의 기초, 영생의 의미와 하나님 나라에 대한 기초적인 이해를 소개한다.

3) 구원의 3시제 : 성경에서 말하는 구원의 과거, 현재, 미래 시제가 어떻게 그리스도 안에서 통합되는지를 설명하며 구원의 확신과 성화를 이어 가도록 격려한다.

4) 최후의 심판과 천국과 지옥 : 요한계시록 20장에 나오는 최후의 백보좌 심판을 소개하고, 천국과 지옥에 대한 부분을 소개하여 명확한 끝을 알고 믿음의 삶을 분투하도록 격려한다.

5) 교회란 무엇인가? : 예수 믿는다는 것과 교회 다니는 것은 무엇이 다른지, 교회는 왜 다녀야 하는지 당위성을 소개하고 건강한 신앙생활을 격려한다.

6) 굳건한 진리 위에 서라 : 정통과 이단의 신앙이 어떻게 다른지를 소개하고, 교회 주변에 어떤 이단들이 있는가를 살피며 바른 신앙의 필요성을 깨닫도록 한다.

대규모 공동체에서는 새가족 과정을 인도할 새가족 리더를 세워 일대일이나 일대 2-3명 정도로 양육하며 사귐을 갖도록 하면 좋다.

4-6주 간의 새가족 과정 중 이단에 관한 내용은 청년사역자가 새가족 양육을 받고 있는 청년을 모두 한곳에 모아 놓고 1달에 1회 또는 6주에 1회씩 강의를 하는 것도 좋다. 그렇게 하면 새가족의 얼굴을 좀 더 익힐 수 있다.

성숙한 새가족 리더 그룹을 가질 수 있다면 청년부 성장의 큰 동력을 확보할 수 있다. 성숙한 새가족 리더들이 새가족을 인격적으로 돌보고 섬겨 주는 것은 뒷문으로 새어 나가는 청년들을 최소화할 수 있는, 매우 강력한 자물쇠를 갖는 것이다.

동시에 100명 이상의 청년 공동체의 성장 잠재력은 얼마나 든든한 예비 리더군을 확보하느냐에 달렸다. 전에 섬기던 한 청년 공동체에서 있었던 일이다. 부임한 첫해에 공동체가 급속도로 성장했다. 예배에 성령의 강력한 기름 부으심이 임해 잠자던 청년들이 깨어나며, 인근의 많은 청년이 몰려들었다. 청년부 지체들도 이 생생한 예배의 현장에 친구와 지인들을 초대했다. 이전 해까지 150여 명 전후로 예배드리던 청년들이 첫해에 최고 270명의 출석률을 찍으며 성장했다.

그러자 새가족 리더 그룹을 증원해야 했고, 소그룹이 더 이상 수용할 수 없을 정도로 꽉꽉 차기 시작했다. 청년 공동체는 갑작스럽게 몰려든 청년들로 정신이 없었다. 첫해에는 바쁜 가운데 예비 리더 훈련을 실시했고 이들을 소그룹 리더로 배치했다. 이듬해 청년부 소그룹에 몰려오는 이들을 수용하며 청년 공동체는 안정적인 성장을 유지했다. 둘째 해에도 공동체는 지속적으로 성장했고, 이로 인해 사역이 바쁘게 돌아갔다.

이때 필자는 사역이 바쁘다는 핑계로 예비 리더 학교를 건너뛰었다. 그때에는 한숨 돌릴 틈을 주었지만, 그 이듬해 새롭게 소그룹 편성을 확장할 때 많은 어려움을 일으켰다. 소그룹 리더들로

부터 다음 해에 섬길 예비 리더 추천을 받았다. 이들은 주로 소그룹의 부리더를 맡고 있는 이들이었다. 그러나 적절한 훈련 과정 없이 곧바로 리더의 사명으로 초대하자 이들은 당황했다. 아직 제대로 훈련받지도 못했는데 자신이 없다는 것이었다. 그래서 리더를 세우는 데 어려움이 있었고, 이 여파가 그다음 해 사역에 고스란히 부정적 영향력으로 반영되었다.

이때 깨달은 것이 있다. 예비 리더 훈련은 다음 해 청년사역을 위해 씨 뿌리는 것과 같다는 것이다. 씨 뿌리기를 게을리하면 당시에는 편할 수 있지만, 그다음 해의 사역이 많이 거칠어지고 힘겨워진다. 좋은 자질의 가능성 있는 예비 리더를 발굴하라.

특별히 공동체가 100명 이상 되는 청년 공동체에서 예비 리더 훈련은 특별한 훈련이 되도록 시작할 때와 마칠 때 특별한 의미를 부여할 수 있는 이벤트를 하면 좋다. 마지막 주에는 수련회나 MT를 통해서 그동안 훈련받았던 것을 되돌아보며 헌신을 다짐하는 시간을 갖는 것도 좋다. 수료할 때는 공동체 예배에 이들이 나와 특송을 하게 하면, 이들이 공동체의 축복 속에 청년리더로 잘 설 수 있도록 격려하는 효과가 난다.

____ 찬양팀과 기도회 모임을 중시하라

이 정도 규모의 공동체에서 사역이 활성화되기 위해 중요한 것이 있다. 첫째, 찬양팀을 견고히 세워야 한다. 찬양팀이 건실하게 서 가기 위해 청년사역자는 찬양팀 리더와 긴밀한 소통을 나누어야 한다. 특히 찬양팀이 예배를 독자적으로 앞서 인도하지 말고, 예배 인도자인 청년사역자의 인도를 든든히 뒷받침하도록 조율해야 한다.

찬양팀이 찬양을 인도할 때 주의할 점이 있다. 찬양팀의 실력과 기량을 맘껏 뽐내기보다 모든 청년이 전심으로 하나님을 바라보며 찬양할 수 있도록 하나님의 임재 앞으로 나아가도록 인도해야 한다는 것이다. 이렇게 인도하려면 우리 개인의 신앙고백, 또는 간구의 제목을 담은 내용의 화려하고 현란한 기교의 찬양이기보다는 하나님의 성품을 찬양하고 경배하는 찬양들을 주로 드릴 필요가 있다.

특히 찬양팀과는 설교 이후 찬양과 기도회 시간에 호흡을 잘 맞춰야 한다. 설교자는 설교 이후 어떤 찬양을 부르고, 어떤 기도 제목을 놓고 기도할 것인지를 찬양팀 인도자와 긴밀하게 협의해야 한다. 특히 찬양을 두 곡 이상 부를 경우, 곡을 멈출 것인지, 코드를 자연스럽게 올릴 것인지, 아니면 같은 코드의 다른 찬양을 부를 것인지 등을 함께 나누어야 한다. 설교 이후 기도회 시간에는 은혜로운 분위기를 연출하도록 음향의 크기와 곡의 빠르기 등을 사전에 조율하도록 하라. 종종 청년사역자가 선택하는 찬양보다 더 적합하고 은혜로운 찬양을 추천하는 경우가 많다. 결국 최종적인 선택은 청년사역자가 하지만, 이런 과정을 통해 찬양팀은 청년사역자가 자신들과 더욱 소통하고 예배에 중요한 일원이라는 생각을 하게 된다.

대규모 청년 공동체는 찬양팀을 두 팀 이상으로 꾸릴 수 있는 여력이 생긴다. 그럴 때는 찬양팀을 두 팀으로 세워 A팀과 B팀이 기도하고 충분히 준비할 시간을 주고 감당할 수 있도록 하는 것도 좋다. 이러한 팀 구성은 나중에 공동체가 여름 농촌 선교나 해외 선교 활동을 동시적으로 감당할 때도 효과를 발휘한다.

둘째, 기도회에 불을 붙여야 한다. 100명 이상의 청년들이 청년 공동체를 위하여 합심하여 갖는 기도회는 공동체가 300명 이상의 공동체로 성장하는 데 매우 중요한 동력이다. 청년 공동체는 예배 공동체인 동시에 열정의 기도 공동체가 되어야 한다. 100명 이상의 공동체는 여러 가지 사역을 시도할 역량이 있기 때문에, 다양한 사역에 우선순위가 배정될 수 있지만 함께 모여 기도하는 일에 우선순위를 두는 일을 포기하지 말아야 한다.

기도회가 불붙게 하라. 청년들이 기도하여 하나님이 일하시는 손길에 대한 확신을 갖게 해야 한다. 100명 이상의 규모에서는 사람을 보고 의지하기 쉽다. 그러나 기도에 대한 확신으로 무장하면 공동체가 모든 일에 기도와 간구로 하나님께 나아갈 수 있다.

기도회를 지속적으로 가지면 기도하는 잠재적인 리더들이 드러난다. 기도의 확신을 갖고 모든 문제를 기도로 하나님께 맡기는 이들이 모이게 된다. 청년사역자는 이들을 적절하게 발굴하여 리더로 세우는 것이 좋다. 겉으로 보기에 어떠하든지 기도하는 리더를 세워야 그가 맡은 사역에서 하나님의 손길이 드러나기 때문이다.

100명 이상의 공동체에서 기도회는 다양하게 기획할 수 있다. 소그룹 중보를 위한 기도회, 또래별 중보를 위한 기도회, 새 학기를 위한 기도회, 새롭게 세워진 리더들을 위한 리더 기도회 등 다양한 기회를 통하여 청년들이 기도회에 나올 수 있는 동기를 부여하라. 그리고 함께 뜨겁게 기도하라.

돌이켜볼 때 전에 섬기던 청년 공동체가 뜨거운 부흥을 경험할 때 금요성령집회가 큰 역할을 했다. 매주 금요일 밤 10시면 80-100여 명의 청년들이 함께 모여 약 2시간가량 뜨겁게 부르짖으며 청년 공동체를 위해, 개개인의 기도제목을 놓고 기도했다. 기도회에서 성령의 임재를 경험하고 기도 응답을 간증하는 일이 많아지자 점점 더 많은 청년이 금요성령집회를 사모하게 되었고, 그 열기는 갈수록 뜨거워졌다. 기도 가운데 성령으로 충만함을 경험하자, 청년들은 기도제목 하나만을 놓고 1시간은 족히 집중하여 기도할 수 있었다.

금요일에 뜨겁게 기도를 경험한 청년들은 주일 청년 예배 때 설교 후 찬양과 기도로 하나님의 임재 가운데 나아갈 때도 전심으로 기도했다. 금요기도회가 주일 청년 예배를 드리는 청년들의 심령을 예열시키는 효과가 있었다. 이들의 간절한 기도와 눈물은 청년 예배를 더욱 뜨겁게 했고, 주변의 청년들에게 기도를 자극하고 하나님께 나아가는 역할을 하게 했다.

공동체에 기도가 불붙게 하라. 기도의 온기가 청년사역 전반에 퍼져 나가면 어떤 사역이든 은혜와 감격이 있다.

_____ 팀 체제를 적절하게 활용하라

청년 공동체가 100-300명이 되면 소그룹의 숫자가 10-50개 사이로 늘어난다. 이렇게 되면 청년사역자가 소그룹을 일일이 챙기기 어려운데, 이때부터 소그룹 조직을 팀 체제로 묶어 줄 필요가 있다. 팀이란 소그룹 5-6개를 하나로 묶은 중그룹 단위를 말한다. 70-100명 이상의 청년 공동체가 함께 중그룹 모임을 가지는 것은 큰 의미가 없다. 왜냐하면 그 안에서 어느 정도 알고 친밀한 교제를 갖기가 어렵기 때문이다.

그래서 그 옛날 로마도 군대를 구성할 때 군대의 핵심 단위인 중대의 숫자가 가능한 70명을 넘지 않도록 했다. 그래서 백부장이 이끄는 중대의 기본 구성은 60-70명을 기본으로 구성했다. 이정도 인원이어야 백부장의 명령을 따라 일사불란하게 움직일 수 있기 때문이다.

청년 공동체도 규모가 100명을 넘어 200명, 300명으로 성장할 때 5-6개의 소그룹을 한 단위로 하는 20-60명 사이의 팀 체제로 묶어 주는 것이 좋다. 중그룹을 위해 교회 내의 교육부서실을 사용하도록 하고, 그곳에서 각 팀이 친밀한 시간을 갖도록 하면 소그룹이 팀의 든든한 울타리 안에서 성장할 기반이 마련된다.

팀장은 소그룹 리더 가운데 리더십이 있고, 청년사역자와 신뢰관계가 돈독한 성숙한 이들 가운데 세우는 것이 좋다. 이렇게 팀장을 세워 중그룹 모임을 팀 단위로 갖도록 한다. 청년사역자는 팀장과 특별히 긴밀한 관계를 갖고 매주 팀 상황에 대한 이야기를 나누며 함께 팀을 잘 세워 갈 수 있도록 격려한다.

중그룹 모임 때 봄이나 가을에는 팀별로 야외활동을 하게 하고, 하계 봉사활동이나 선교도 팀별로 준비하는 것이 좋다. 팀장에게는 소정의 활동비를 지급하여 지체들을 심방하고 돌보는 활동을 활성화하는 것도 좋은 방법이다.

_____ 부교역자의 도움, 어디까지 받을 것인가

청년사역이 200명에서 300명으로 성장할 때 청년사역자는 부교역자와의 동역을 고민하게 된다. 필자 역시 섬기던 청년부가 100명대에서 300명을 넘어가자 부교역자와의 동역을 고민하기 시작했다. 하지만 청년 공동체가 커졌다고 무작정 부교역자의 도움을 받아서는 안 된다. 부교역자의 도움을 고민할 때는 공동체의 사역 구조를 깊이 고민해야 한다. 부교역자가 와서 꼭 감당해 주어야 할 사역을 도와주어야지, 자칫 사역자가 감당하지 않아도 되는 사역에 배치하게 되면 도리어 청년 공동체의 전체 사역 동력이 주춤하게 된다.

어떤 교회에서는 청년 공동체가 커지자 청년사역자가 부교역자를 청빙했다. 그런데 위치가 애매했다. 명확하게 감당해야 할 사역을 주기보다, 전반적으로 청년사역자가 다 감당할 수 없는 부분들을 그때그때 도와주도록 했다. 결국 부교역자는 자신의 정체성과 역할을 혼동했고, 청년사역자와 마찰을 빚기도 했다.

청년들의 입장에서 부교역자가 오는 것은 어떨까? 긍정적인 부분과 부정적인 부분 모두 있다. 긍정적인 부분은 청년사역자의 관심이 다 닿지 못하는 곳에 부교역자가 관심을 가져 줌으로 정서적 안정감을 얻을 수 있고, 보다 전문적인 도움을 받을 수 있다. 부정적인 부분은 청년사역자 외에 또 다른 사역자가 부임할 경우, 의사소통 구조가 복잡해진다. 부교역자를 거쳐야 하는 경로가 하나 더 생기는 것이다. 결국 의사소통에서 오해가 더 자주 생길 수 있다.

만약 청년부 안에 청년들의 자발성이 높고, 팀장이나 임원들의 동기부여가 높은 편이라면 500명까지는 특별히 사역자가 없어도 청년사역을 감당할 수 있다. 따라서 청년사역자는 부교역자를 청빙하려 할 때 위의 사항들을 깊이 고민해 보아야 한다.

____ 선교하는 공동체로 체질을 변화하라

100명 규모를 전후하여 선교사역은 청년 공동체의 성장에 좋은 동력을 제공한다. C교회에 청년사역자 W목사가 부임했을 때 인원이 30명 전후였다. 그랬던 것이 70여 명 가깝게 성장했는데, 공동체가 성장하면서 W목사는 선교에 역량을 쏟아부었다.

W목사가 집중한 선교 방식은 사역자 주도형의 선교가 아니라, 청년 주도형의 선교였다. 청년들을 선교팀으로 조직하여 각 팀별로 나라와 지역, 선교사역을 결정하도록 전권을 주었다. 그러자 청년들이 스스로 움직이기 시작했다. 선교의 필요가 있는 국내 지역과 해외의 선교지를 알아보고, 그중에서도 선교적 필요가

있는 지역을 찾았다. 선교사님과 연락하여 그 지역의 필요를 묻고 현지 선교사역에 도움이 되는 사역이 무엇인가를 알아보고 그에 맞추어 선교사역을 준비했다. 자신들이 그 가운데 어떻게 하나님의 은혜를 흘려보낼 수 있고, 어떻게 변화될 수 있을지를 고민했다. 이러한 준비와 기도를 통하여 청년들은 선교 기획서를 작성했다. 그리고 스스로 예산을 세웠다.

주도적으로 준비하는 선교사역이었기에 청년들은 함께 모여 뜨겁게 기도했고, 열심히 준비하여 선교사역을 감당하기 시작했다. 부족한 선교비는 청년들이 함께 뛰며 마련했다. 교회 성도들의 사업장에서 아르바이트를 하고, 일일 찻집을 운영하고, 점심 식사를 판매하는 등 여러 가지 아이디어를 냈다.

청년들의 자발적인 활동은 선교 3-4개월 전부터 일어나 선교를 다녀올 때까지 계속되었다. 이러한 과정을 통하여 청년들은 서로를 친밀하게 알아 갔고, 함께 사역을 준비하며 이전의 핵심층 문화가 무너졌고, 점차 선교적 공동체로 체질 변화가 이루어지기 시작했다.

이러한 선교 경험이 축적되면서 청년들의 50%가 선교사역에 동참하기에 이르렀다. 이는 공동체 전체에 선교적 영성을 형성하게 되었다. 한 영혼의 소중함을 자각하고, 영혼의 추수를 위하여 눈물을 흘리며, 서로를 섬기고 사랑하고, 하나님의 시선으로 온 열방을 바라보게 되었다. 선교 현장에서 경험한 특별한 하나님의 역사하심이 청년들의 가슴에 새겨졌고, 세계 선교의 비전을 품고 나아가는 청년들이 점점 많아졌다.

선교사역의 현장과 감격들이 입소문과 SNS를 타고 청년 공동체와 주변 지역에 퍼지기 시작하자 더 많은 청년이 관심을 갖게되었고, 자연스럽게 전도가 일어났다. 한 영혼이 공동체에 들어올 때 그를 섬기며 잘 정착할 수 있는 선교적 공동체의 토대가 마련되자, 공동체는 점점 성장하여 120여 명이 출석하는 규모 있는 청년 공동체로 성장했다.

청년 공동체가 100여 명 전후일 때 잘 준비된 선교사역은 공동체에 새로운 동력을 제공한다. 선교 현장에서 복음을 전하기 위해 뜨겁게 몸부림쳤던 경험은 국내의 청년 공동체의 선교적 영성을 형성시킨다. 중요한 것은 청년사역자 주도가 아니라 그곳에 자발성이 살아 있는 청년을 중심으로 선교 팀장을 세워 청년들이 자발적으로 선교사역을 주도하도록 하는 것이다.

_____ 3년 후, 어떻게 할 것인가

청년사역자가 열정적으로 사역을 감당하며 부흥의 플라이휠을 돌리기 시작하면 보통은 3년 정도 안에 꽤 많은 성장의 열매를 맛보게 된다. 외형적으로 성장하고, 공동체의 체질이 개선되고, 사역 곳곳에 성령이 운행하시는 활기가 넘친다. 이때쯤 되면 청년사역자를 고민하게 하는 요소들이 생겨난다.

첫째, 만족감이다. 지난 3년 동안 역동적인 사역을 일으키며 이만하면 됐다는 생각이 찾아온다. 청년사역의 플라이휠을 일으키는 3년간은 엄청난 에너지가 들었고, 이 에너지를 아낌없이 쏟아부어 청년사역의 응축되었던 에너지가 폭발하며 청년사역의 한계를 돌파하기 시작했다. 이제 이렇게 가면 계속해서 성장하겠다는 생각이 든다. 그러나 지난 시간 쏟아부었던 에너지가 너무나도 컸기에 이제는 좀 쉬었으면 하는 생각이 찾아온다.

둘째, 새로운 사역에 대한 도전이다. 청년사역은 분명 큰 도전이었지만, 지난 3년간 열정적으로 부딪치며 돌파했다. 이제는 새로운 도전을 찾아 나설 때라는 생각이 든다. 이는 청년사역 4년차를 맞이할 때 찾아오는 매너리즘이기도 하다. 이미 해 보았고 공동체의 역량이 축적되었기에 웬만한 사역들은 이전처럼 큰 힘을 들이지 않고 할 수 있다. 그런데 새로운 도전이 아니기에 흥미를 잃어버린다. 그래서 새로운 도전을 찾아 나서려 다른 길을 모색한다.

셋째, 주변의 시기와 질투다. 청년사역의 플라이휠이 일어나기 시작하면 그 와중에 시기와 질투하는 이들이 생겨난다. 주변의 동료 목회자일 수도 있고, 담임목사일 수도 있다. 청년들이 청년사역자를 좋아하고 칭찬하는 일들이 많아지면, 대다수 담임목회자는 이를 함께 기뻐하고 자랑스러워하겠지만 일부는 이를 불편해할 수 있다.

그렇다면 이런 요소들을 하나하나 진지하게 검토해 보자. 혹 이런 요소들로 고민하는 청년사역자들이 있다면 다음의 내용들을 함께 고려하면 좋겠다.

첫째, 만족감의 문제다. 우선 지난 3년간 최선을 다해 모든 것을 쏟아부어 청년사역의 플라이휠을 돌렸다. 그런데 이것이 끝이 아니다. 청년사역은 플라이휠이 돌아가는 것 자체가 목적이 아니라, 계속 돌려 이곳에 하나님 나라를 꿈꾸는 청년 공동체를 더욱 든든히 세워 가는 것이다. 3년의 사역은 본격적인 출발점에 선 것에 불과하다.

청년사역의 플라이휠을 제대로 돌아가게 만드는 것은 무척이나 어렵고 값진 일이다. 그런데 돌아간다고 물러나면 힘겹게 돌린 플라이휠이 다시 멈추게 된다. '내 뒤를 이어 누군가 하겠지'라는 생각을 할 수 있지만, 대부분의 경우 후임이 오면 플라이휠이 도는 속도가 주춤하다가 결국은 1-2년 안에 멈추고 만다.

플라이휠을 계속해서 돌려 더 영향력 있는 사역을 펼치는 것은 매우 귀한 일이고, 그것은 아무도 가 보지 않은 새로운 길을 나서는 것이다. 도전은 외부에도 있지만, 이제 막 본격적으로 플라이휠이 돌아가는 이 공동체에도 있다. 청년사역의 부흥을 경험하는 공동체는 많지 않거니와, 부흥을 경험하는 공동체 중에 계속해서 플라이휠이 돌아가는 공동체는 더더욱 드물다. 대부분 2-3년 돌다가 그만 다시 멈추어 버린다. 플라이휠이 제대로 돌아가기 시작하는가? 그렇다면 이를 더 큰 성장과 부흥의 전조로 여기라.

따라서 부흥을 경험한 청년사역자는 이제 막 본격적인 출발선상에 섰다고 여기라. 본격적인 사역은 4년차부터다! 이 부흥의 플라이휠을 계속 돌리면 어떤 일이 일어날지 궁금하지 않은가?

3년이 아니라 6년, 9년, 10년을 돌리면 어떤 일이 일어날까? 이 지역사회에 어떤 영향력이 파급될까? 더 장기적인 만족감을 추구하라.

둘째, 새로운 사역에 대한 도전 문제다. 청년사역자가 처음 부흥의 플라이휠을 돌리는 것은 엄청난 도전이다. 그런데 그 도전을 성공적으로 마치면 더 흥미진진한 새로운 사역으로 눈이 돌아간다. 여기서 청년사역자는 사역의 도전에 대한 관점을 재정립할 필요가 있다. 부흥의 플라이휠을 돌리는 청년사역자에게 필요한 도전은 새로운 사역이 아니라, 힘들게 돌린 플라이휠이 더욱 큰 가속도를 내게 해서 청년사역의 한계를 돌파하는 것이다. 부흥이 3년이 아니라 6년, 10년이 계속되면 공동체에 어떤 일이 벌어질지 모른다. 이미 돌아가는 플라이휠을 계속해서 돌리는 일은 생각보다 힘이 덜 든다. 이런 중에 공동체에 시스템이 형성된다. 안정된 시스템은 공동체를 안정적으로 붙들어 주고, 새로운 사역자가 와도 사역자가 시스템을 바꾸기보다 오히려 시스템에 적응하게 한다.

셋째, 시기와 질투의 문제다. 주변 동료들의 시기 앞에 청년사역자는 겸손하게 자신을 끊임없이 낮추어야 한다. 그렇지 않고는 사소한 일에도 오해가 벌어지기 쉽다. 성장의 플라이휠이 돌아가기 시작할 때 청년사역자가 교만해지면 의외로 여러 곳에서 어려움을 겪는다.

힘들다고 무작정 사역지를 다른 곳으로 옮기는 것은 무모한 행동이다. 다윗이 사울왕의 미움을 받아 쫓겨다닐 때, 하나님은 다윗을 집요하게 이스라엘 내에 머무르게 하셨다. 그래서 다윗은 엔게디 황무지 이곳저곳을 떠돌아다니며 도망다녔다. 다윗이 도망자 생활을 인내하지 않고, 블레셋으로 도망갔을 때 예기치 않은 어려움을 겪었다. 임시 거처로 삼았던 시글락이 함락되고 그곳에 있던 부녀자와 아이들이 모두 포로로 끌려가기에 이른 것이다. 결국 다윗은 진지하게 하나님의 뜻을 구했다. 그리고 잃어버렸던 부녀자와 아이들을 모두 되찾아 다시 이스라엘 헤브론으로 돌아왔다(삼하 2:1).

청년사역자는 하나님의 인도하심으로 현재의 청년 공동체를 만났다. 그리고 하나님의 은혜로 부흥의 플라이휠이 돌아가게 되었다. 그렇다면 하나님이 있게 하신 이 자리를 쉽게 박차고 나가선 안 된다. 이곳에 있어야 할지, 떠나야 할지를 결정하시는 분은 하나님이시다. 하나님의 뜻을 구하고 그 안에서 인내의 싸움을 계속해 나가야 한다.

10장

500-2,000명
초대형 공동체

한국교회에 공동체의 규모가 500-1,000명 이상을 넘어가는 청년부는 그리 많지 않다. 대부분이 서울, 경기권에 집중되어 있고, 광역시에 한두 곳 정도 있을 뿐이다. 초대형 청년 공동체의 조직은 크게 세 가지 형태 중 하나로 구성되는 경우가 많다.

첫째, 100-300명 공동체 조직이 확대된 형태다. 단 규모가 크기 때문에, 청년사역자를 돕는 부교역자가 여럿 있다. 소그룹 리더와 팀장을 관리할 수 있는 전담 사역자, 사역팀을 관리하는 전담 사역자, 1년 차 신입생을 훈련하는 사역자, 예비 리더를 훈련하는 사역자, 새가족을 전담하는 사역자, 찬양팀 사역자 등이 함께한다. 이런 구조는 하우스다이어그램의 사역 요소들을 각각의 사역자 또는 간사가 맡는 구조다.

이런 조직 구조에서는 대체적으로 사역의 권한과 영향력이 청년사역자에게 집중된다. 각 분야의 사역자들은 청년사역자를 돕는 기능적 보조 역할을 한다. 자칫하면 원활한 의사소통이 이루어지지 않을 수 있다. 청년사역자에게는 전체를 세심하게 살피고, 조율하고, 이끌어 갈 역량이 중요하다.

둘째, 공동체의 규모를 100명 전후로 나누어 작은 5-20개의 청년부로 구성하는 경우다. 각 부서는 청년 공동체 내 부서 공동체로 존재한다. 각 부서에는 부서 담당 사역자가 있고 이 사역자를 중심으로 한 행정리더와 목양리더 조직이 구성되어 있다. 이러한 공동체는 사역자의 역량에 따라 각 공동체의 특성들이 드러난다. 일부 부서가 활성화되어 크게 늘어나면 그 안에서 새로운 공동체를 분립 개척하여 청년부 내의 부서 공동체를 늘려 간다.

이런 초대형 청년 공동체의 경우 사역의 권한과 영향력이 부서 사역자에게 집중된다. 각 부서가 하나의 작은 청년부를 구성하기 때문이다. 각자의 독립성을 자율적으로 보장하다 보면 각 부서 간에 양육도 제각각이 되고, 부서에서 리더를 세우는 방식도 달라진다. 부서가 추구하는 색이 많이 차이가 난다. 이는 사역의 다양성이라는 면에서는 좋지만, 통일성의 면에서는 불리하다. 자칫하면 각 부서가 각개 약진하는 부대가 될 수 있다. 이때 청년사역자는 여러 청년 공동체를 아우르며 다양성을 존중하는 가운데 통일성을 이루어 가는 디렉터의 역할을 해야 한다. 청년 디렉터의 중요한 역할은 연합과 소통이다.

부서 중심의 청년 공동체는 전체를 포괄할 수 있는 연합 임원단의 구성이 필수적이다. 전에 섬기던 한 교회에서는 당시 청년부 예배 출석 인원이 1,700명 정도였다. 이 안에 100-150명 사이의 청년 공동체가 10개 정도 있었다. 청년 디렉터는 각 청년 공동체가 파송한 리더를 중심으로 임원단을 구성한다. 각 공동체가 파송한 임원단은 약 20-30명 정도로 구성하고, 각 부서와 청년부 전체의 사역과 행사를 조율하고 소통한다.

셋째, 1,000명 이상의 초대형 청년 공동체 조직을 연령대를 중심으로 크게 20대 초, 20대 후반-30대 초반, 30대 중후반, 40대 등으로 나누어 조직하는 경우다. 이러한 조직은 특히 비혼이 점점 늘어나는 40대 청년부의 결집력을 강화하는 효과를 가져다준다. 보통 작은 교회에서 40대 비혼 성도는 공동체 안에 들어가 활동하기가 쉽지 않다. 보통은 30대 중후반부터 청년부를 떠나 교회학교에서만 봉사하다가, 40대가 넘어가면 그마저도 내려놓고 예배만 드리는 경우가 많다. 공동체에 속해 있기가 좀처럼 쉽지 않다. 주목할 것은 갈수록 30대 후반에서 40대 청년들이 늘어 간다는 것이다. 초대형 청년 공동체가 30대 후반에서 40대의 청년 공동체를 구성해 주면, 40대 이상의 청년부가 활동하고 숨 쉴 수 있는 공동체가 형성되는 큰 장점이 있다. 또 이런 공동체에서는 만남의 기회도 적극 모색할 수 있다.

연령별로 나눈 청년 공동체의 경우, 100-300명 규모의 청년부 조직을 확대한 500-2,000명 규모의 공동체 조직의 형태로 구성된다. 이런 경우에는 초대형 청년 공동체 중에 청년부 전체를 총괄하는 디렉터가 있거나 아니면 교회학교 교육국 전체를 담당하는 디렉터가 청년부 전체 공동체를 총괄하기도 한다.

____ 청년의 필요를 정확히 읽는다

청년의 상황과 필요를 알면 사역의 방향과 강조점이 명확해진다. 이것은 큰 규모의 청년 공동체 사역일수록 더더욱 필요하다. 청년사역자가 초대형 청년부에 부임을 하면 먼저 공동체를 이룬 청년들이 어떤 상황에 처해 있는가를 파악할 필요가 있다. 단회적으로 끝날 것이 아니다. 그렇다고 매해 실시하면 피로감이 쌓인다. 이럴 때는 청년들의 변화 주기를 고려해서 시행하면 좋다.

청년들이 평균 한 공동체에 머물다 가는 주기가 2-4년 정도다. 이 주기를 고려하여 공동체의 상황에 따라 평균 3년에 한 번 정도 정기적으로 현황 조사를 실시하는 것은 도움이 된다. 사역의 방향과 강조점을 잡는 데도 좋다.

과거 초대형 청년부의 디렉터로 부임했을 때, 사역의 방향을 어떻게 잡을지가 막막했다. 청년사역의 경험이 있다고 대충 감으로 하기에는 책임 맡은 소중한 영혼들이 너무 많았다. 그래서 청년부 전체에 대대적인 설문조사를 실시하기로 했다. 그 결과를 통계 프로그램(SPSS)에 입력하여 광범위한 설문 결과를 얻을 수 있었다. 설문 결과를 보니 청년 공동체 전체의 상황을 어느 정도 파악할 수 있었고, 공동체에 어떤 사역이 필요한지를 보다 객관적으로 알 수 있었다.

설문 결과로 전체의 상황을 파악했으면, 이제는 이를 바탕으로 공동체를 분석하고 사역 전략을 수립해야 한다. 설문조사로 드러난 공동체의 스왓(SWOT), 즉 강점(Strength), 약점(Weakness), 기회(Opportunity), 잠재적 위험요소(Threat)를 기초로 3-5년 정도의 중장기 계획과 이를 구체적으로 그해 안에 구현할 수 있는 연간 단기 계획을 수립할 필요가 있다.

____ 일차 목양 대상은 부서 사역자다

청년 공동체의 규모가 클수록 의견을 조율하고 의사결정을 하는 것에 세심한 기술이 필요하다. 청년들은 일방적으로 끌고 가는 것에 상당한 거부감을 느낀다.

대규모 청년 공동체일수록 각 부서의 다양한 요구와 청년 공동체가 함께 나아갈 방향을 같이 조율할 필요가 있다. 이러한 조율은 먼저 각 부서의 사역자들과 긴밀하게 연계되어 있어야 가능하다.

청년부 디렉터가 새롭게 바뀔 때 그곳에서 부서 사역자로 1-2년 이상 사역해 온 이들 중 경계심과 비판적인 태도를 갖는 이들이 있다. 필자 역시 부임할 때 일부 사역자 중에서 비판적이고 비협조적인 이들이 있었다. 이들은 이전부터 그 부서 출신으로 신학을 공부하고 청년부서의 사역자로 온 경우였다. 그러니 자신들이 새로 온 디렉터보다 청년부를 잘 알고 있으며, 청년 디렉터가 지방에서 사역 좀 했다고 해서 여기 와서 뭘 할 수 있겠냐는 말을 퍼뜨리며 냉소적인 태도를 견지하고 있었다.

이때 감정에 휩쓸려 부서 사역자와 충돌해서는 안 된다. 충돌하면 그 부정적인 여파가 부서 전체에게로 돌아가 부서 전체가 청년부 디렉터에 대해 비판적인 태도로 돌아선다. 청년부 디렉터는 적어도 한 해 이상은 인내하며 그를 품어야 한다. 시간이 지나면서 부서 사역자의 교체 주기가 오기 마련이고, 이때 청년부 디렉터는 새로운 마음으로 공동체를 하나씩 다시 세워 가면 된다.

디렉터의 목양 대상은 일반 청년이기 이전에 부서 사역자들이다. 이들을 잘 목양해야 한다. 자주 인정해 주고, 격려해 주고, 칭찬해 주면서 친밀감과 신뢰를 쌓아야 한다. 이는 일반 장년부서의 목회에서도 교회가 어느 정도 이상의 규모가 되면 부교역자들을 잘 목양하는 사역이 중요해지는 것과 같다. 부서 사역자와의 팀워크를 맞추고 이들을 잘 격려하여 함께 한 방향으로 나아갈 수 있도록 하는 것이 필요하다. 디렉터는 부서 사역자와 소통하며 설득하는 사람이다. 공동체가 나가야 할 방향과 준비해야 할 것을 끊임없이 소통하고, 설득하며 동의와 지지를 얻고, 자원하는 마음을 얻어 내야 한다.

부서 사역자와 원만한 소통이 잘 이루어지지 않더라도, 이런 와중에 청년부 디렉터는 연합 임원단을 중심으로 청년부 전체에 선한 영향력을 흘려보내도록 해야 한다. 연합 임원단의 신임을 얻고 활발히 소통하여 마음을 사면, 청년부 전체를 이끌어 가는 데 큰 힘을 얻는다.

___ 통일된 양육 시스템이 필요하다

청년부가 대형화될 때 중요한 것이 양육이다. 만약 담임목사나 청년부 디렉터가 양육에 그다지 신경을 쓰지 않는다면 청년부의 양육은 각 부서마다 각개전투식으로 진행된다. 어떤 부서는 제자 양육을 하고, 어떤 부서는 교리 공부를 하고, 어떤 부서는 큐티를 한다. 어떤 부서는 선교단체에서 양육받은 영향력이 강하게 나타나기도 한다. 큐티 교재도 다 다르다. 이렇게 되면 청년 공동체의 덩치는 크지만, 기독 청년상과 정체성을 구현하는 일에는 소홀해진다. 우리 청년 공동체가 존재하는 이유와 사명을 담지 못하는 것이다. 이렇게 되면 공동체를 하나로 묶는 결집력이 약해지고, 사사시대와 같이 자기 지파의 소견에 옳은 대로 행하게 된다 (삿 17:6, 21:25).

필자가 서울의 한 대형 교회 청년부 디렉터로 부임했을 때 아쉬웠던 것은 통일된 양육 시스템이 부재했다는 점이다. 이때 담임목사님이 어느 지역의 한 교회에서 주최하는 세미나에 다녀오라고 추천해 주셨다. 그래서 3일간 그 교회의 전체 양육 시스템을 공부할 수 있는 기회가 생겼다. 그리고 이 시스템을 바탕으로 청년 공동체의 양육 시스템을 기획하여 실행했다.

일단 시급한 것이 새가족 양육 과정부터 시행하는 것이었다. 청년부로 곧바로 들어온 청년들은 각 부서마다 임의로 제작한 새가족 교재로 양육을 진행했다. 그래서 기존의 모든 리더를 포함하여 교회 정규 과정에 편성된 새가족 과정을 아직 수료하지 않은 청년들을 모아 대규모로 새가족 과정을 진행했다. 새가족 교재는 담임목사가 집필한 것이었다.

새가족 과정을 수료한 이들은 수료 이후 성장반으로 초대되었다. 이는 교회 청년들이 공통된 신앙 가치와 영성을 지향하도록 기획한 것으로, 한 학기 동안 진행했다. 성장반을 수료한 이들을 대상으로 겨울에 내적치유세미나를 진행했다. 이 과정들을 통하여 많은 청년의 마음에 치유와 회복이 일어났다.

이런 과정은 교회의 핵심 가치에서 출발했다. 교회의 핵심 가치는 크게 세 가지였다. 첫째, 치유와 회복이 있는 교회, 둘째, 성장이 있는 교회, 셋째, 아름다운 유산을 남기는 교회다. 청년부의 양육 과정은 담임목사가 세운 교회의 핵심 가치를 구현하는 방향에서 구성되는 것이 좋다.

내적치유세미나와 성장반을 수료한 청년들은 자연스럽게 리더훈련학교로 들어왔다. 그리고 여기서부터 본격적으로 교회의 핵심 가치를 공유한 리더들, 같은 마음을 품고 한 방향으로 갈 수 있는 리더들이 배출되었다. 이러한 과정을 통하여 청년 공동체의 리더는 자기 부서만을 아는 편협한 리더가 아니라 교회의 핵심 가치를 청년부에서 구현하는 교회 중심적 리더로 전환되었다.

때로는 시대적 요구에 부응하는 양육 기회도 필요하다. 필자가 사역하던 당시 우리나라에는 댄 브라운의 소설《다빈치 코드》(문학수첩, 2017) 열풍이 불었다. 문제는 청년들 중에《다빈치 코드》에 등장하는 영지주의 문서들을 소개하는 내용에 흔들려 성경을 불신하고 의구심을 품는 세상의 냉소적인 시선에 당황하는 이들이 생겨나기 시작했다는 것이다. 이에 청년 공동체에서는 "유다복음서와《다빈치 코드》깨기 문화포럼"을 기획하여 합리적인 의심에 대한 정직한 답변을 시도했다. 이 분야의 전문가들을 초대하여 이야기를 듣고《다빈치 코드》가 제기하는 문제가 사실은 그리 대단한 것이 아님을 알려 주었다. 이 포럼은 2,000명 이상이 참여하여 성황을 이루었고, 청년들은 자신들 안에 있는 의심을 합리적으로 해소시켜 준 교회에 감사했다.

또 청년들이 고민하는 문제 중 하나가 비전과 진로다. 많은 청년들이 이 문제로 상담하고 성경적인 해답을 찾으려 고민하는 모습을 보았다. 이에 정규적인 성장반, 리더반의 양육 과정의 틀을 벗어나, '비전스쿨'이란 이름으로 4주에 걸쳐 이 문제를 성경적인 기초 위에 풀어 가며 각자의 인생에 대한 해답을 발견하도록 도와주었다.[37]

_____ 3040 청년을 붙잡아라[38]

초대형 청년 공동체는 사각지대에 놓인 청년들을 잘 모아 놓는 것도 또 하나의 중요한 사역이다. 이런 사역의 장이 바로 30대 후반, 40대 청년들을 위한 사역이다.

대형 청년부 디렉터로 있을 때 연초 청년부 현황을 파악하기 위한 설문조사를 실시했다. 그 결과를 검토하던 중 깜짝 놀랐다. 30대 청년들의 비중이 전체 청년의 30%에 육박했기 때문이다. 이는 대학부 연령대인 20대 초중반의 청년들을 제외하면, 일반 청년부(20대 중후반 이상) 인원의 거의 50%에 가까운 수치였다. 그동안 알게 모르게 교회 안에 30대 청년들의 숫자가 늘어 왔던 것이다. 벌써 10년도 넘었으니 지금은 30대를 넘어 40대의 비율이 훨씬 더 늘어났을 것이다.

2015년 실시했던 인구주택총조사에서도 이런 특징이 고스란히 나타났다. 조사에 의하면 30대 미혼율이 36.3%였다. 이는 10년 전인 2005년보다 무려 15%나 증가한 수치였다.[39] 이제 30-40대의 청년들은 교회의 한 주류층이 되었다. 이들 중에는 결혼을 아직 못한 미혼자도 있지만 결혼을 스스로 선택하지 않고 미룬 비혼자도 있다. 이유는 다양하다. 직장생활에서 자리를 잡기 위해, 공부하려고, 나름대로의 자아실현을 위해, 그 밖의 여러 사정으로 결혼을 스스로 미루고 자신의 삶을 꾸려 온 이들이다.

비혼자들 중에는 치열하게 살면서 사회에서 인정받아 중요한 역할들을 감당하고 있는 지체가 많다. 그러나 교회에서 이들은 자칫 사각지대로 사라지기 쉽다. 이들을 바라보는 교회의 시선이 이들을 불편하고 힘들게 만들기 때문이다. 더구나 나이가 들면서 어렸을 때 본인이 주일학교에서 가르쳤던 학생이 청년부로 올라오면서 본인의 정체성이 흔들린다. 내가 과연 청년부에 있어야 하는가, 청년부에 필요한 존재인가를 고민하는 것이다.

전에 어느 신학교 졸업식에 참석했다. 그중에 한 청년이 눈에 띄었다. 알고 보니 필자가 예전에 섬겼던 교회에 다니던 자매였다. 지금은 청년부 활동을 하지 않고 있다고 했다. 이유를 물어보니 나이가 30대 후반이 되어 가면서 청년부에 남아 있기가 힘들었다는 것이었다. 청년부에서는 많은 동기가 이미 결혼을 했고, 자신만 남아서 외로웠다고 했다. 더구나 주변의 시선도 불편하게 느껴져서 청년부를 나왔다고 했다. 청년부 지체로서 정체성이 흔들렸던 것이다.

얼마 전 상담했던 청년은 40대 중반으로 청년부에서는 원로급에 해당하는 형제였다. 하지만 사회에서는 나름대로 개인 사업체를 운영하는, 능력 있고 성실한 청년이었다. 그 형제는 그동안 헌신적으로 청년부를 섬겨 오다가 최근 몇 년간 영적 슬럼프를 겪고 있노라고 했다. 그 이유는 나이가 들면서 친구들과 후배들은 가정을 꾸리고 자녀를 낳아 키우는데 혼자 청년부에 남아도 되는 가 하는 생각에 자괴감을 느꼈던 것이다.

이처럼 30대 후반에서 40대 초반으로 진입하는 청년 중 자신의 청년 정체성으로 고민하는 이들이 많다. 이들은 자칫 청년부에서 사라지기 쉽다. 대예배에는 꾸준히 참석하지만 어린 청년들과 어울리는 것이 불편하기에 공동체와 멀어지려 한다. 교회에 나오지만 잘 보이지 않는 사각지대로 사라진다.

교회에서는 이들을 단지 어정쩡한 청년층으로만 생각할 것이 아니라, 구체적인 대안을 모색할 필요가 있다. 3040 청년의 독특한 영역을 인정해 주고, 이들도 당당하게 신앙생활 할 수 있는 긍정적 자아상을 확립해 주어야 하는 것이다. 그러나 이전에 먼저 이들의 특징과 요구를 파악할 필요가 있다. 그래야 제대로 된 대안을 마련할 수 있다.

3040 청년을 이해하라

첫째, 3040 청년은 바쁜 사회생활을 하다 보니 20대보다 생각이 더 복잡하다. 같은 신앙생활 패턴을 반복하다 보니 20대에 열심히 하던 신앙생활에 열정이 식고, 공동체에서 늘 보던 사람을 보는 것도 서서히 흥미를 잃는다. 이것은 신앙생활 매너리즘에 빠지게 만든다. 매너리즘에 빠진 청년들의 특징은 냉소적이다. 교회에서 실시하는 여러 행사와 프로그램에 참여하지 않으면서 가장 냉소적인 비판자가 된다. 이들은 공동체의 방관자로 서 있기 쉽다.

둘째, 여전히 공동체를 섬기고 싶은 신앙의 열정이 있다. 매너리즘과 냉소적 태도에 젖어 있긴 하지만, 그 이면에는 예전에 가졌던 순수하고 뜨거운 신앙생활에 대한 향수가 있다. 무엇보다 공동체에 대한 애착이 남아 있다. 또한 이들은 예전처럼 깊은 은혜를 경험하고, 기쁨과 감사로 공동체를 섬기고 싶어 한다. 즉 내면 깊숙이 신앙 회복에 대한 열정이 숨어 있는 것이다.

셋째, 사역을 능력 있게 추진할 수 있는 경험과 재정이 있다. 이들에게는 20-30대 시절 공동체를 섬기고 함께 사역하면서 축적한 경험과, 지혜의 방법들이 있다. 20대는 일단 일을 시작하고 보지만, 3040 청년 세대는 그간의 시행착오를 반영하여 노련하게 사역을 처리할 수 있는 역량과 지혜가 있다. 뿐만 아니라 이들은 이미 나름대로 사회에서 자리잡고 경제생활을 하고 있기에 사역을 추진할 수 있는 재정적인 뒷받침도 된다. 만약 이러한 잠재력을 잘 끌어내어 공동체의 사역으로 연결시킨다면 공동체는 커다란 힘을 얻을 수 있을 것이다.

넷째, 3040 청년에게는 결혼에 대한 열망이 있다. 20대까지는 직장을 구하느라, 자신의 삶을 안정시키느라 정신이 없었다면 30대에는 이러한 고민을 마치고 이제는 결혼으로 그 관심을 많이 돌린다. 이러한 관심은 30대 중반을 넘기면서도 마찬가지다. 독신에 대한 생각이 없는 한 이들은 좋은 배우자를 만나고 싶어 한다.

그래서 신앙 안에서 이성을 만날 다양한 기회들을 모색한다. 그렇다고 이들에게 이성을 직접적으로 소개시키는 것은 조심해야 한다. 이들이 원하는 것은 자연스러운 만남의 기회다. 즉 한 공동체 안에서 사역을 감당하면서 서로를 경험할 수 있는 자연스러운 기회를 바라는 것이다.

다섯째, 3040 청년은 20대와 다른 관심사가 있다. 20대의 청년들이 주로 자신의 미래와 꿈에 관한 관심을 갖고 있다면, 30대는 20대에 추구하던 미래와 꿈을 현실의 토양 위에서 시작해 서서히 뿌리를 내릴 나이다. 즉 이들은 현실적인 것에 보다 관심을 집중한다. 재정에 관한 문제, 직장에서의 갈등, 결혼에 관한 문제 등이다.

3040 청년은 현실을 살아 내고 있기에 어느 정도는 20대에 가졌던 이상과 괴리감을 경험한다. 즉 자신이 꿈꾸고 희망했던 것들에 제대로 도달하지 못했을 때 절망하거나 냉소적이게 되는 것이다. 그토록 꿈꾸었던 직장에 어렵사리 들어갔는데, 시간이 지날수록 무언가 잘못되어 가고 있음을 발견한다. 내가 원하던 것은 이게 아니었던 것이다. 직장을 옮길까, 모든 것을 접고 새롭게 시작할까도 고민하지만 요즘처럼 일자리가 없을 때는 이직도 쉽지 않아 보인다. 이것은 신앙의 영역에 있어서도 마찬가지다. 20대에 갖고 있던 말씀대로 살려고 몸부림쳤던 의지가 현실의 벽 앞에서 좌절하며 타협하려는 유혹을 많이 받게 된다. '죽으면 죽으리라'는 각오보다 '죽으면 큰일 난다'는 생각이 점점 많이 든다. 이러한 고민 가운데 청년들은 불안해한다.

여섯째, 3040 청년은 날카로운 비판적 판단력이 있다. 그러나 막상 비판을 수용하고 변화하려 하면 두려워한다. 이들은 20대를 지내며 경험해 왔던 것들이 있기에 현재에 머물기를 선호한다. 사역에 있어서도 마찬가지다. 이를 무시하고 무리하게 끌고 가면 의외로 강경한 저항에 부딪칠 것이다. 이들을 변화에 동참시키기 위해서는 합리적인 설득이 필요하다.

그들 나름대로 경험한 세계가 있기에, 논리적으로 납득이 가지 않으면 좀처럼 움직이기 싫어한다. 순종하라고 강요하면 오히려 반발한다. 이로 인해 사역을 움직이는 데 힘들 수 있지만, 오히려 사역을 합리적으로 운영하면서 이들을 인정해 주고, 이들에게 신뢰를 주면 이들은 예전의 열정을 다시 회복하며 따라온다.

따라서 청년사역자는 비혼의 시기를 향한 하나님의 섭리를 발견하도록 도와야 하고, 청년 예배의 설교에 이를 적극 반영할 필요가 있다. 결혼해서 아름다운 가정으로 하나님께 영광을 돌리는 것도 중요하지만, 다양한 이유로 비혼인 이들이 정체성을 갖고 잘 살도록 격려하는 것도 필요하다. 결혼 여부와 상관없이 하나님의 형상으로 지음받았다는 점을 확고하게 재정립하도록 하고, 비혼으로서 계속해서 추구해야 할 하나님 나라의 비전을 제시해야 한다.[40]

3040 청년의 필요를 채우라

그렇다면 이러한 3040 청년의 필요를 어떻게 채워 줄 수 있을까?

첫째, 3040 청년의 식은 가슴에 불을 붙여라. 이들도 청년부의 일원이고, 청년사역에서 꼭 필요한 존재임을 인정해야 한다. 주변에서 '아직도 청년부 다니냐'는 표정으로 바라보는 시선들을 잠재워야 한다. 이를 위해서 공동체 전체에 3040의 존재 가치와 존재 의의에 대해서 알려 줄 필요가 있다. 예수님도 공생애를 30대부터 시작하셨다. 모세와 다윗의 사역은 40세부터 본격적인 시작이었다. 진정한 사역의 시작은 3040부터다. 3040 시기는 신앙생활의 꽃이라 할 수 있다. 3040의 삶도 여전히 주님께 아름답게 드려야 한다. 만약 매너리즘에 빠져 있다면 다시 처음 마음과 예수님의 첫사랑을 강조하며 돌아오도록 설득해야 한다.

둘째, 교회 내에 3040 청년의 숫자가 많아 일정 그룹을 형성하고 있다면 30대와 40대를 위한 별도의 모임으로 만들어 주는 것도 좋다. 만약 숫자가 많지 않다면 소그룹 단위로 묶어 주는 것도 좋다. 비슷한 연령대 안에서 서로의 공감대와 고민을 털어놓으며 소그룹 역동이 일어나면 20대보다 훨씬 깊고 끈끈한 소그룹으로 형성될 가능성이 많다.

특히 3040 청년의 중요한 관심사인 결혼을 위해서는 다양한 만남의 장을 마련할 필요가 있다. 3040 청년이 어느 정도 있는 주변의 교회들과 연합하여 3040 연합 사역을 기획해 보는 것은 어떨까? 이것은 농촌 봉사활동이 될 수도 있고, 사회 봉사활동이나 단기선교 활동이 될 수도 있다. 이러한 사역 기회는 사역의 열정을 불러일으킬 뿐만 아니라 다양한 만남의 기회를 제공할 수 있다.

전에 필자가 섬기던 교회에서 새로 개척한 3040 공동체에서는 다른 대형 교회 3040 공동체와 자연스러운 만남의 기회를 주선하는 연합 모임을 가졌다. 감사하게도 여기서 커플이 탄생했고 결혼이 이루어지자 다른 청년들도 적극적인 마음을 갖게 되었고 공동체 안에서 꽤 많은 결혼이 이루어졌다.

혹시 청년들이 결혼하면 서로의 배우자를 따라 교회를 떠날까 염려하는 사역자들이 있을지 모르겠다. 그러나 3040 공동체가 있는 교회라면 규모도 크고, 나름대로의 좋은 장점들이 많은 교회일 것이다. 아름다운 커플이 맺어졌으니 이들이 각자의 상황에 맞는 교회에 가서 새롭게 시작할 수 있도록 배려하면 큰 문제가 없을 것이다.

셋째, 3040의 청년 사역에서 중요한 것은 위임이다. 이들은 20대를 지나며 나름대로 청년사역에 대해 상당한 경험들을 축적한 상태다. 사역자에게 중요한 것은 이들의 전문성과 강점을 발굴해 적재적소에 배치하는 것이다. 이들을 신뢰하고 맡기며, 인정해 주고 칭찬해 주면 이들의 자발성이 빛을 발하며 살아날 것이다.

또한 20대 초중반 대학생들의 진로를 위한 멘토단을 운영하는 것도 좋다. 대학생들이 꿈꾸는 진로에 이미 진출한 신실한 그리스도인 선배를 만난다는 것, 그리고 선한 영향력을 흘려보낸다는 것은 상호 간에 복된 일이다.

넷째, 설교도 이제는 3040 청년을 향해 보다 조준점을 날카롭게 할 필요가 있다. 이들의 고민과 문제를 담은 설교가 필요하다.

뿐만 아니라 잃어버린 열정과 헌신을 불러일으킬 설교가 필요하다. 또한 이들이 고민 가운데서도 끝까지 흔들리지 않고 신앙의 진보를 이룰 수 있도록 돕는 설교가 필요하다.

_____ 담임목사 목회 철학을 반영하라

초대형 청년부를 담당하는 청년사역자의 경우, 청년들과 함께 독립된 예배와 공동체를 꾸려 갈 때 기억해야 할 것이 있다. 현재의 청년들이 모인 것은 결코 자신의 사역 역량이 아니라는 점이다. 하나님이 현재 사역하는 교회에 보내셨고, 담임목사를 통하여 자신에게 의탁하셨을 뿐이다. 따라서 청년사역자는 자신이 맡고 있는 청년부에 담임목사의 리더십과 영향력이 잘 흘러들어갈 수 있도록 해야 한다.

이를 위해 담임목사의 목회 철학이 반영된 양육 시스템을 녹여 내도록 하는 것이 좋다. 새가족 과정부터 예비 리더 양육 과정까지 담임목사의 목회 철학을 지혜롭게 반영하라. 그리하여 청년들이 청년의 때에 담임목사의 목회 영향력 아래 있도록 하고, 이들이 장년이 되어서도 자연스럽게 그 안에 흡수될 수 있도록 해야 한다. 담임목사의 목회 철학과 청년사역자의 목회 철학이 다르면, 청년부는 교회 안의 이질적인 공동체로 자리잡기 쉽고, 청년 공동체 이후 교회를 떠나 다른 교회로 옮겨가기 쉽다.

담임목사의 목회 리더십 스타일에 따라 청년사역자의 활동 반경은 많이 달라진다. 담임목사가 설교를 비롯한 청년부 사역 전반에 관한 것을 전적으로 믿고 독자적으로 맡기는 경우가 있다. 이럴 때 청년사역자 개인의 역량과 영성이 중요하고, 이 모든 것을 넉넉히 잘해 낼 수 있는 사역자를 만나는 것은 담임목사의 복이다. 이럴 때 담임목사가 청년사역자를 신뢰하여 전권을 주고 믿고 맡기면, 청년 공동체는 종종 큰 성장을 이룬다.

반면, 청년부가 교회 전체를 차지하는 비중이 20-30%에 육박할 경우 담임목사가 직접 설교하며 청년들을 목양하는 경우도 있다. 이렇게 하는 경우에는 담임목사가 자신의 메시지가 청년들의 삶에 얼마나 의미 있게 파고드는가를 깊이 고민해야 한다. 대개는 담임목사와 청년들의 삶이 괴리된 경우가 많고, 이것을 뛰어넘는 설교를 한다면 괜찮겠지만 그렇지 않다면 담임목사의 설교는 자칫 청년들에게 훈계하는, 부담되는 설교가 될 가능성이 크다. 담임목사가 설교를 해서 청년 공동체가 계속해서 성장하는지를 면밀히 주시하라. 만약 담임목사의 설교로 공동체의 성장이 멈추었다면 자신을 냉정하게 돌아보고 대안을 마련해야 한다. 청년사역자에게 설교를 위임하는 것도 좋은 결정이다.

____ 새롭게 몰려드는 청년을 붙잡아라

초대형 교회 청년부는 특별히 전도하지 않아도 교회 이름만으로도 소문을 듣고 찾아오는 청년들이 많다. 전에 필자가 섬기던 초대형 청년부의 경우도 한 주에 10여 명에서 학기가 시작하는 3월에는 50-60명씩 등록하곤 했다. 200여 명의 새가족이 등록을 한

적도 있다. 서울로 올라온 청년들의 상당수가 소문으로만 듣던 교회를 직접 다녀 보기 위해 찾아온 것이었다.

그러니 그 많은 사람을 일일이 돌보고 섬길 수 없다. 그래서 자 칫하면 많이 오는 만큼 많이 나갈 수 있다. 게다가 초대형 청년부 의 경우 청년이 너무 많아 서로가 잘 모르고 먼저 선뜻 다가가 인 사하기도 쉽지 않다. 누군가가 먼저 다가와서 살갑게 챙겨 주는 경우가 많지 않기에 굳건한 의지로 버텨 내지 않으면 뿌리내리기 가 쉽지 않은 구조다. 그래서 초대형 교회 청년부는 새가족이 많 이 오기는 하지만 의외로 성장이 정체되거나 더딘 경우가 많다.

따라서 초대형 청년부가 계속해서 성장하고 내적 활력을 유지 하려면 새가족이 잘 정착할 수 있는 시스템을 구축하는 것이 매 우 중요하다. 초대형 청년부의 경우 워낙 많은 인원이 몰려오다 보니 여유와 자신감을 갖다 보면 새가족 시스템을 세심하게 조직 하기가 쉽지 않다.

초대형 청년부의 새가족 과정은 단순히 초신자를 위한 새신자 과정과는 다르다. 물론 새신자에게 필요한 복음의 기초를 다시 한 번 점검하는 것도 필요하겠지만, 초대형 청년부의 경우에는 청년부의 공동체성, 소속감, 교회 됨의 의미, 그리고 청년부가 속 한 교회의 역사, 목회 철학 등을 나누는 것도 중요하다. 규모가 크 다 보면 청년들의 소속감이 약해지기 쉽고, 내가 왜 이 교회를 다 녀야 하는지 회의감에 빠질 때도 많기 때문이다.

초대형 청년부의 경우 새가족 정착을 돕는 시스템을 몇 가지로 생각해 볼 수 있다.

첫째, 새가족들로 소그룹을 구성해서 새가족 소그룹을 운영하는 것이다. 각 소그룹에는 새가족 리더가 있고, 새가족 리더가 역동을 일으켜 친밀한 관계를 맺도록 도와준다. 이런 경우, 새가족 리더를 중심으로 새가족 과정을 재미있게 진행할 수 있고, 그 안에서 그룹 역동을 경험하면서부터 참석률이 올라간다. 새가족 과정 중에는 새가족 리더가 새가족들을 자신의 집으로 초대하여 식사를 나누며 섬기기도 한다. 이런 친밀한 관계가 형성되면 새가족 수료율이 올라간다.

하지만 새가족 과정 이후 각 새가족을 소그룹이나 사역 부서로 배치할 때 인원이 빠져나가는 경우가 많다. 새로운 환경에 적응해야 하는 또 다른 스트레스와 고충이 있기 때문이다. 따라서 새가족 과정 중 새로 배치될 소그룹이나 부서를 미리 정하여, 그곳의 리더 혹은 섬김이(바나바)를 연결시켜 주고 미리 교제를 나누게 하는 것도 정착을 위한 좋은 방법이 될 수 있다. 혹 배치된 부서에 적응하기 어려운 경우, 한 달 안에 재배치를 요구하면 새롭게 배치할 수 있는 시스템을 갖추고 이를 새가족을 수료하는 이들에게 미리 공지하는 것도 좋다.

둘째, 새가족 과정을 청년사역자가 직접 강의하는 것이다. 새가족 과정 중에는 행정적으로 이들을 섬기는 이들이 있어 새가족 양육 안내나 고충을 듣고 연락을 주고받는다. 이런 과정이 주는 장점이 있다. 많은 새가족이 함께 모임으로 이곳에 소속되었다는 자부심을 준다. 이런 자부심은 계속해서 공동체에 속하도록 하는 동기를 부여한다. 또한 청년 예배 때는 목회자를 가까이 볼 수 없지만 양육 과정 때 청년사역자를 직접 가까이서 보고 또 쉬는 시간에는 이야기도 나눌 수 있기에 보다 소속감과 친밀함을 느끼게 한다. 물론 서로를 개인적으로 알고 이야기를 나누는 기회는 새가족 소그룹에 비해 적다. 하지만 이런 방식의 운영도 새가족 수료율을 높이는 데 많은 도움이 된다.

대규모 강의로 과정을 운영할 경우에는 교회의 목회 철학과 역사를 나누는 것이 중요하다. 새가족들은 교회의 역사를 이해하고 목회 철학을 기쁘게 동의할 경우, 비록 소그룹 관계가 형성되지 않았더라도 강력한 소속감을 갖는다. 또한 PPT나 영상을 준비할 경우, 새가족으로 하여금 교회가 이 과정을 열심히 준비했고 이 시간이 정말 소중한 시간이라는 인식을 갖게 한다.

대규모 강의의 새가족 과정을 운영할 경우에는 수료식이 중요하다. 새가족 수료식 때는 새가족이 배치되는 소그룹, 사역 부서, 또래 모임의 리더와 지체들이 가능한 모두 모여 이들의 수료를 축하하고, 선물을 전달하고, 함께 커피나 식사를 나누며 환대한다. 이렇게 되면 새가족은 수료식 때 큰 자부심과 열린 마음을 갖고 공동체에 정착할 수 있다.

셋째, 새가족이 오면 청년사역자와 간단히 인사를 나눈 후에 부서별로 배치하여 부서 중그룹 모임으로 보낸다. 이런 경우, 청년사역자와의 관계는 세워지지 못하고 주로 부서 모임을 중심으로 정착하게 된다. 문제는 새가족이 청년부 모임 이후 부서 모임에 들어가 부서 중그룹을 하고, 이후 새가족 소그룹 내지는 새가족 리더와 일대일 새가족 양육을 받는다는 사실이다. 새가족 양육 교재가 통일되면 모르겠거니와, 각 부서마다 다르면 교육의 질이 천차만별이 된다. 처음 오자마자 청년 예배, 중그룹, 새가족 소그룹까지 참여하다 보니 한두 주 경험하고 나서 지쳐 이탈하는 경우가 많다. 할 수 있는 한 청년 예배 이후 새가족 과정을 바로 연계할 수 있도록 배려하라.

★ ★ ★ ★ ★ ★ ★ ★ ★ ★ ★ ★ ★ ★ ★ ★ ★

디렉터의 목양 대상은
일반 청년이기 이전에 부서 사역자들이다.
이들을 잘 목양해야 한다.
자주 인정해 주고, 격려해 주고, 칭찬해 주면서
친밀감과 신뢰를 쌓아야 한다.

★ ★ ★ ★ ★ ★ ★ ★ ★ ★ ★ ★ ★ ★ ★ ★ ★

4부

청년사역자에게 필요한 안목과 자세

11장

청년사역,
지금 어디로 가고 있는가

앞 부에서는 각 규모별 청년 공동체에 맞는 사역 방법을 대략적으로 살펴보았다. 주변을 돌아보면 비슷한 규모라도 어떤 공동체는 성장하고, 어떤 공동체는 쇠락한다. 공동체의 성장과 쇠락을 견인하는 핵심적인 요소들은 무엇인지 살펴본다.

___ 청년부의 성장 요소 점검

기업경영전문가 아이착 에이디제스(Ichak Adizes)는 《Managing Corporate Lifecycles》(기업 생애주기 경영)에서 기업이 생성, 소멸하는 데 주요한 영향을 끼치는 네 가지 요소를 분석한 바 있다.[41]

E (Entrepreneurship) : 비전(모험), 기업가정신

P (Perposeful Perfomance) : 조직의 존재 목적에 적합한 실행

A (Administration) : 조직의 효율성을 꾀하는 행정

I (Integreation) : 통합, 문화 형성 – 창업가 개인의 카리스마와 탁월한 역량이 없더라도 조직이 지속적으로 뛰어난 생산성을 확보하도록 조직의 비전, 사명, 가치, 철학, 의식과 행동 양식 등을 통합하여 살아 있는 조직 문화를 만들어내는 것

기업이 일어날 때는 창업자의 강력한 비전(E)을 바탕으로 시작한다. 그리고 비전을 가장 잘 구현할 수 있는 기업 활동에 실행력을 집중시킨다(P). 이것이 점점 좋은 성과를 얻으면 창업자는 더욱 새롭고 혁신적인 영역을 개발하여 회사를 확장시킨다. 그러나

어느 순간 회사가 창업자의 말에 따라 좌지우지되며 일관성이 없는 주먹구구식의 회사가 되는데, 이때부터는 꼼꼼하고 세밀한 관리와 행정이 필요하다(A). 이는 재고를 조절하고, 회사 부채 비율도 조절하면서 회사가 계속해서 효율적으로 성장하게 한다. 회사는 명료한 가치와 철학을 공고히 하고 모든 활동을 창업자 한 사람에게 의존하는 것이 아니라 조직 문화와 행동 양식, 그리고 시스템을 확보하여 계속해서 생존한다(I). 하지만 조직은 시간이 지나면서 창업자의 상상력, 열정과 비전을 잃어버리게 되고 점점 쇠약해진다. 다음의 그래프를 보라.[42]

P (Perposeful Perfomance) : 실행, 프로그램
A (Administration) : 행정
E (Entrepreneurship) : 비전, 모험
I (Integreation) : 통합-상호의존의 문화

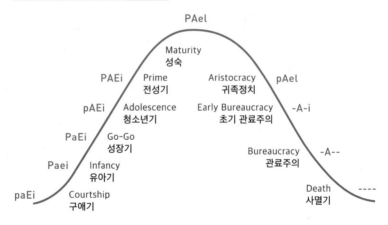

〈조직의 생성, 소멸〉

기업을 생성하고 성숙기에 이르기까지 각 비전(E), 목적에 맞는 실행(P), 행정(A), 통합(I) 요소가 어떻게 부각되는지 주의 깊게 살펴보라. 각 요소가 활성화되지 않을 때는 소문자(e, p, a, i)로, 각 요소가 활성화되었을 때는 대문자(E, P, A, I)로 표시되어 있다.

초창기에는 강력한 비전과 모험으로 기업이 시작된다(paEi). 조직은 자신의 존재 이유가 되는 비전을 점차 실행으로 옮기게 되고(Paei), 비전을 실행에 옮기며 조직은 점점 성장해 간다(PaEi). 조직이 어느 정도 성장하면, 조직은 정신없이 달리며 다양하게 시도했던 프로그램들을 잠시 정비하고, 이를 조직적, 행정적으로 정비한다. 그리고 비전을 새롭게 한다(pAEi). 이를 통해 기업은 더욱 성장하여 전성기에 도달하게 되고, 이때는 비전, 실행, 행정이 균형을 이루며 많은 수익을 거두며 왕성하게 자라 간다(PAEi). 그러다 매출과 성공의 최정점인 성숙 단계에 이르게 되고, 이때 조직은 더 이상의 모험 감행을 멈추고 안정을 꾀하기 시작한다. 잘하는 것을 더 잘하도록 집중하게 되고, 행정적으로 더 능숙하게 처리한다. 이때부터 조직은 기업 문화가 형성되고, 시스템으로 움직이는 구조가 생겨나기 시작한다(PAeI).

조직에 비전을 제시하는 역할이 사라지면, 이때부터 조직은 힘을 서서히 잃고 관리에 집중한다. 혁신은 점점 사라지고 고객이 원하는 바를 반영하기보다 조직에 무리가 가지 않는, 행정과 기술적으로 안전한 성과를 내려 한다. 그러다 보면 점차 혁신을 잃은 기업 문화가 고착화된다(pAeI). 이런 상황 가운데 초창기의 혁신은 점점 사라지고, 기업의 수익은 점점 떨어지고, 조직 문화도 힘을 잃고 패배주의적인 문화가 만연하며 조직은 화석화되어 간다(A).

우리는 이런 모습을 빌 게이츠 이후의 마이크로소프트(MS)에서 보았던 적이 있다. 현재 팀 쿡의 애플에서도 어느 정도 볼 수 있다. 물론 최근 MS의 최고경영자로 사티아 나델라가 온 이후 이런 조직의 쇠퇴와 사멸 위기는 극복되고 있다.[43] 사티아 나델라는 회사의 존재 의의와 사명을 새롭게 정립하고 기존의 관행과 화석화된 문화를 깨뜨리고 회사를 다시 일으키고 있다.[44]

기업의 생성, 소멸에 영향을 끼치는 네 가지 요소들은 기업가에게 내재된 성향을 그대로 반영하는 경우가 많다. 기업가 중에는 정도는 달라도 강력한 비저너리가 있고, 그 비전을 실행으로 옮기는 뛰어난 실행가가 있는가 하면, 행정이 뛰어난 행정 전략가가 있고, 서로 간의 관계를 화목하게 유지시키는 중재자가 있다.

애플을 창업한 스티브 잡스는 전형적인 모험가였다. 그는 직원들에게 "해군이 아닌 해적이 돼라"(Pirates! Not the Navy)고 외친 바 있다.[45] 그는 해적같이 법과 규칙의 테두리에 구애받지 않고 자유롭게 사고하는 혁명가이기를 추구했다. 하지만 그는 죽기 얼마 전에 애플의 리더십을 행정의 달인 팀 쿡에게 넘겼다. 팀 쿡은 재고를 획기적으로 줄이고 아웃소싱을 활발하게 활용하여 아이폰의 생산 효율과 이익을 극대화했다.[46] 잡스는 애플이라는 회사가 현재 어떤 상태인지를 알았고, 자신의 사후에 어떤 리더십이 가장 필요한지를 미리 간파하고 있었던 것이다. 팀 쿡이 애플의 사령탑을 맡은 후, 애플의 매출과 주가는 더욱 크게 올랐다. 단, 최근 들어서 안타까운 점은 초창기 스티브 잡스에게서 보았던 창업자 정신과 혁신적 모험을 애플 내에서 점차 찾기 어려워진다는 것이다.

이러한 모습은 청년사역의 현장과 청년사역자에게도 고스란히 적용된다. 이를 바탕으로 사역적으로 다음과 같은 네 가지 요소로 제안한다.

V (Vision) : 비전, 사명, 모험

P (Purposeful Performance) : 비전을 구현하기 위한 다양한 시도들, 사역들, 프로그램들

A (Administration) : 행정, 조직력

I (Integreation) : 건강한 공동체 문화와 조직력

초창기 청년 공동체는 비전을 따라 모인다. 하나님 나라를 위한 모험과 열정이 가득하다(Vpai). 하나님을 위하여 위대한 일을 시도하고자 한다. 그리고 이런 비전을 따라 이를 실현할 사역에 열심히 헌신한다(VPai). 공동체가 조금씩 성장하면 다양한 사역을 시도하게 되고 열매들을 맛본다. 이렇게 공동체가 건강하게 성장하면 어느 순간부터는 공동체에 원칙과 관례를 세워 가기 시작하고 이것이 행정적 안정성을 가져다준다(VPAi). 공동체의 규모가 커지고 안정되면 여기서 공동체의 고유한 문화가 형성된다(vPAI). 하지만 공동체 문화가 형성되고 조직이 한 사람의 카리스마에 더

이상 의존하지 않으면서 공동체는 하나님 나라의 열정을 서서히 잃어버린다. 솔로몬 왕국의 전성기 때 국가는 최고로 번성했지만, 솔로몬의 가슴에는 하나님이 서서히 사라지고 우상이 들어서기 시작했다. 그래서 사실 위기는 절정기에서부터 시작된다. 이때부터 공동체는 비전뿐만 아니라 비전을 살리는 활동들을 서서히 그만두게 된다(vpAI). 결국 가슴의 불이 식게 되고 남는 것은 공동체의 쇠퇴와 사멸이다(A).

이러한 모습을 공동체의 생애주기에 대입하면 다음과 같은 다섯 단계의 공동체로 분류할 수 있다.[47]

1) 이머징 공동체(Emerging Church)

2) 성장하는 공동체(Growing Church)

3) 안정적 공동체(Consolidating Church)

4) 쇠퇴하는 공동체(Declining Church)

5) 사멸하는 공동체(Dying Church)

이머징 공동체에는 강한 열정과 모험심으로 사역을 개척하는 유형의 청년사역자가 필요할 것이다. 성장하는 공동체에는 사역에 대한 보다 전문적이고, 경험이 풍성하고, 실행력이 있는 사역자가 필요할 것이다. 안정적 공동체에는 비전과 실행 및 설교와 행정 등이 뛰어나지 않다 하더라도, 어느 정도 균형감을 갖고 치우치지 않는 리더십이 필요하다. 쇠퇴하는 공동체는 서로 관계를 돈독하게 하고 다시 실행력을 강화할 리더십이 필요하다. 사멸하는 공동체에는 열정과 비전에 불을 붙여 사역을 새롭게 일으킬 사역자가 필요하다. 내가 속한 공동체는 어느 유형에 가깝고, 나는 어느 유형의 사역자에 가까운지 살펴보자.[48]

____ 청년사역자의 자기 점검

내가 속한 공동체는 지금 어떤 단계로 접어들고 있고, 공동체 내에 어떤 요소가 강력하고, 어떤 요소가 더 필요한가? 스스로 점검해 보자.

한 가지 주의할 것은 이러한 점검은 공동체와 사역자의 특성과 은사, 기질을 파악하여 맡겨진 사역을 보다 효과적으로 감당하기 위한 것이지, 스스로를 비판하는 도구가 아니라는 점이다. '우리 청년부는 이런 특성이니 어렵겠구나' 하는 생각이나 '나는 이런 성향이니 안 되겠구나' 하는 생각보다는, '이러한 단계에 있으니 이러한 준비가 필요하겠구나'에 집중하는 계기가 되었으면 좋겠다. 원인을 모르고 계속 사역을 감당하는 것과 원인을 알고 사역을 감당하는 것은 큰 차이가 있다.

공동체 단계 점검

공동체의 생성, 소멸 단계 중 내가 속한 공동체는 어떤 궤적을 그려 지금까지 왔으며 현재 어떤 상태에 있는가?

1) 이머징 단계 : Vpai(비전 중심) → vPai (비전에 일치하는 실행 중심)

2) 성장 단계 : VPai(비전과 실행이 일치하며 효과를 냄) → vPAi(지속적인 생산성을

　　　　일으키는 행동과 함께 행정과 조직의 효율화)

3) 안정 단계 : VPAi(비전, 행정, 실행력의 균형 있는 조화) → vPAI(최고의 전성기에

　　　　서 비전이 사라지기 시작)

4) 쇠퇴 단계 : vpAI(비전과 그 실행에 대한 소망은 사라지고, 행정과 조직의 건강하지 못

　　　　한 문화만 남음) → vpAi(결국 다 사라지고 행정 기능만 남음)

5) 사멸 단계 : A(행정으로 버티다가 결국 아무것도 남지 않고 사라짐)

공동체의 성장 요소 점검

내가 속한 공동체는 성장 요소 각각에 얼마의 점수를 줄 수 있을까?

V (비전, 사명, 모험) :

P (사역, 프로그램) :

A (행정, 조직력) :

I (공동체 문화) :

이를 그래프에 표시하여 선으로 이어 보자.

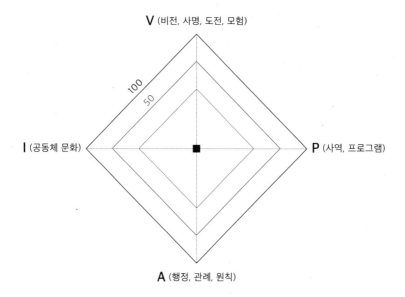

청년사역자의 사역 유형 요소 점검

나는 어떤 사역자인가? 열정의 비전메이커인가, 탁월한 실행가인가? 행정가인가, 아니면 서로 의지하며 통합하는 리더인가?

V (비전, 사명, 모험) :

P (사역, 프로그램) :

A (행정, 조직력) :

I (공동체 문화) :

이를 그래프에 표시하여 선으로 이어 보자.

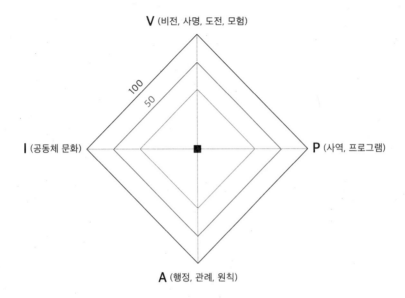

나는 이 네 가지 요소 중 어떤 부분에서 강점을 발휘하는가? 어떤 공동체 단계에서 나의 강점을 더욱 발휘할 수 있을까? 나의 기질과 지난 사역들을 되돌아보자. 또 공동체에 내가 어느 정도 적합한 사역자일지도 생각해 보자. 이를 바탕으로 다음 도표를 채우고 자신을 분석해 보자.

〈청년사역 점검〉

공동체 현재 규모→목표	공동체의 역사: -년	공동체 단계	공동체 4요소 (100점)	청년사역자 사역 유형 (100점)
	사역자 평균 사역 기간 : 년		V: P:	V: P:
	나의 사역 목표 기간 : 년		A: I:	A: I:

이와 같은 점검을 바탕으로 공동체의 장단점을 파악하고 필요한 사역과 강조점, 그리고 유의하고 대비해야 할 점들을 찾아보자.

〈VPAI에 기초한 청년 공동체 스왓(SWOT) 분석〉

S(Strength) - 강점	W(Weakness) - 약점
O(Opportunity) - 기회	T(Threat) - 잠재적 위협

이 분석을 통해 청년 공동체의 중장기 계획과 사명, 그리고 내년 한 해의 사역을 구성해 보고, 구체적으로 시행해야 할 사역들을 계획해 보자.

장기(20**- 20**까지)	중기(20**- 20**까지)	내년

이상의 계획들을 실행하는 데 나는 적합한 사역자일까? 나는 어떤 사역에 강점이 있고 어떤 사역에 약한가? 강점을 더욱 극대화하고 약점을 보완하려면 어떤 도움과 동역자들이 필요할까? 청년사역자 자신의 장단점을 분석해 보자.

〈VPAI에 기초한 청년사역자 스왓(SWOT)분석〉

S(Strength) - 강점	W(Weakness) - 약점
O(Opportunity) - 기회	T(Threat) - 잠재적 위협

이를 바탕으로 청년사역자가 공동체를 섬기는 동안 힘쓰고 준비해야 할 것들을 계획해 보자.

장기(20**- 20**까지)	중기(20**- 20**까지)	내년

12장

청년사역을 대하는
우리의 자세

천안중앙교회에서 3년간의 사역을 마쳤을 때, 이만하면 필자가 할 일은 어느 정도 다 했다는 생각이 들었다. 다음에 좋은 사역자가 와서 이 사역을 꾸준히 이어 가기만 하면 될 것이라 생각했다. 주변에도 청년사역을 3년 이상 하는 사역자들을 별로 보지 못했다. 하지만 지금은 이따금씩 '만약 그곳에서 3년을 넘어 7년, 10년간 청년사역을 계속했더라면 어떤 일이 일어났을까?' 하는 생각을 해 본다. 좀 더 우직한 헌신을 통해 선한 영향력이 더 흘러 갔을지 모른다. 천안에서 일어났던 청년 부흥의 불길이 더 활발하고 강력해져서 교회뿐만 아니라 곳곳에 선한 영향력을 끼쳤을 수도 있다.

청년사역자는 자신을 청년사역자로 부르시고 세우신 분이 하나님이심을 늘 기억해야 한다. 할 수 있으면 하나님께 사역에 좀 더 오랫동안 머물 수 있는 힘과 지혜를 구해야 한다. 그리고 청년사역의 동역자를 보내 달라고 기도해야 한다. 이렇게 7년, 10년을 사역하다 보면 어느덧 자신도 모르게 청년사역의 현장 전문가가 되어 있을 것이다. 청년사역은 이론 전문가가 아닌 현장 전문가를 필요로 한다. 주님이 허락하시는 한 청년사역의 현장에서 우직하게 버텨 보라. 현장에서 분투하는 청년사역자들에게 필요한 자세는 다음과 같다.

____ 함부로 화내지 마라

사역이 익숙할수록 청년사역자가 빠지기 쉬운 치명적인 실수가 있다. 바로 청년들에게 화내는 것이다. 청년부 규모가 커질수록, 열심히 하려고 앞장서서 노력할수록, 청년사역자는 청년들을 질책하고 이들에게 화내기 쉽다.

청년사역에 부임하는 첫해에는 모든 것이 새롭고 생소하니 화낼 틈이 없다. 모든 것을 새롭게 받아들인다. 이는 청년사역자와 함께 일하는 행정, 목양리더들도 마찬가지다. 새롭게 온 청년사역자와 호흡을 맞추려고 일종의 허니문 기간을 보낸다.

그러나 다음 해에 청년사역자는 2년 차 분노의 덫에 걸리기 쉽다. 분노의 덫은 청년사역자 나름대로 청년 공동체의 사역에 대한 기준이 세워졌음을 의미한다. 지난 한 해 동안 새롭게 경험하며 청년사역에 대한 관점과 계획, 기대가 세워졌다. 청년사역자가 방심하면 첫해에는 겸손하게 다가갔다가, 이듬해부터는 그 태도가 서서히 '나도 잘 아니까 가만히 따라오기만 하라'는 식으로 변할 수 있다. 이것은 임원, 리더 역시 마찬가지다. 새롭게 부임한 청년사역자와 전임 리더들이 어떻게 섬기는가에 대해 이야기를 듣고 곁에서 보아 왔다. 이들도 나름대로 청년사역자에 대한 기대와 관점이 어느 정도 형성되었다.

청년사역이 어느 정도 성과가 있고 잘될수록 2년 차 청년사역자는 분노하기 쉽다. 작년처럼 리더들이 열심히 따라 주지 않으면 청년사역이 정체될 수 있다는 위기감도 한몫 한다. 문제는 서로 간에 형성된 관점과 기대가 다르다는 것에 있다. 이제 허니문 기간은 지나고 서로가 어느 정도 익숙한 상태에서 기대와는 다른 행동들이 나오면 실망하게 되고 실망이 쌓이면 분노하기 쉽다.

하지만 기억하라. 화내는 사람은 하나님의 뜻을 이루지 못한다 (약 1:20). 이런 면에서 청년사역자는 분노하고 명령하기보다, 질문하고 격려하는 코치의 태도를 훈련하고 연습할 필요가 있다. 익숙할수록 분노하지 말라. 오히려 익숙할수록 더욱 인정해 주고, 더욱 공감해 주고, 더욱 칭찬해 주기를 힘쓰라.

_____ 예배의 감격을 수시로 회복하라

청년사역자에게 가장 중요한 것 중 하나가 바로 예배의 감격을 잃지 않는 것이다. 청년사역자는 예배 인도자이기도 하다. 예배의 감격 없이 청년들을 예배의 감격으로 인도하기는 어렵다. 예배는 청년사역을 일으키는 가장 근본적이고 강력한 플라이휠의 축이다. 예배가 살아 있어야 하고, 예배에서 주님을 만나는 감격이 있어야 한다. 청년사역자는 이 감격을 잃어버리지 않도록 몸부림쳐야 한다.

사역 현장에서 청년사역자에게 맡겨지는 업무는 과중한 경우가 많다. 교회들이 전반적으로 침체되고 위축되다 보니 청년사역자라고 해서 청년들만을 위해 사역하도록 배려할 수 없는 경우가 많다. 다양한 일들을 하는 가운데 청년사역을 하나 더 맡는 경우도 있다. 그렇게 바쁘다 보니 청년들을 만나지 못하는 경우가 많다. 이런 현실적인 어려움을 메꾸어 줄 수 있는 것이 바로 예배의 감격이다. 주님을 만나는 감격스런 예배 한 번이 사람과 여러 번 만나며 얻을 수 있는 위로를 뛰어넘는다.

따라서 사역자는 마음에 성령의 불이 식고, 예배의 감격이 이전과 다를 때 홀로 주님 앞에 나아가 찬양하고 예배의 감격을 위해 수시로 기도해야 한다. 하나님의 임재 의식 안에 늘 깨어 있도록 하라. 이것이 사그라들면 여러 시도가 큰 효과 없이 무익하게 끝나기 쉽다. 청년사역자는 예배의 감격을 수시로 회복하며 자신의 영성을 관리해야 한다.

___ 그들의 관심을 파악하라

청년사역자는 청년 공동체에 변화를 일으키는 것이 무엇인지를 파악해야 한다. 청년들을 움직이게 하는 동력이 무엇인지를 간파해야 한다. 그렇지 않으면 사역을 권위와 강압으로 누르려 하기 쉽다. 청년들은 하라고 해서 하지 않는다. 해야 할 이유와 목적이 분명해야 움직인다. 이런 면에서 청년사역자는 동기부여에 능숙해야 한다.

요즘 청년들은 "선교 가자" 한다고 따르지 않는다. 그것이 자기에게 무슨 유익을 가져다주는가를 먼저 따져 본다. 괜히 어려운 곳에 가서 고생만 하다 올 것 같으면 가지 않는다. 선교로 청년 공동체의 부흥을 경험했던 한 청년사역자는 처음 공동체에 선교의 필요성에 대해 동기부여할 때, 신앙적 대의를 제시하는 대신 개인적인 명분을 제시했다. 바로 청년들 자신의 변화를 위하여 선교하자고 한 것이다. 선교를 통해 나 자신의 삶과 가치관이 변화된다면 더 큰 사명을 감당하는 사람으로 쓰임 받을 수 있으니, 자신의 변화를 위해 선교하자고 한 것이다. 놀라운 것은 이러한 동기부여에 많은 청년이 뜨겁게 호응했다는 사실이다. 이후 청년 공동체는 선교를 통해 놀라운 변화와 부흥을 경험했다.

청년들을 움직이려면 내면의 동기를 자극해야 한다. 그들이 감전되듯 흥미를 느낄 수 있는 동기를 부여해야 한다. 그렇지 않고 주님이 가라 하신다고 말하며 무조건 밀어붙이면 좀처럼 움직이지도 않고 호응하지 않는다.

청년사역자는 예비 리더를 모집할 때도 좋은 동기를 부여해야 한다. 이 일이야말로 청년의 때에 가장 해 보아야 할 직분이라는 것을 기분 좋게 각인시켜야 한다. 그래서 리더로 즐겁게 헌신하는 청년들이 지속적으로 배출되도록 해야 한다.

청년사역자는 청년 개인뿐만 아니라 목양리더 그룹 전체, 행정리더 그룹, 즉 임원단 전체의 동기부여에도 능숙해야 한다. 이들은 이미 어느 정도 동기부여가 되어 있는 상태지만, 많은 헌신과 수고로 지쳐 있다. 청년사역자는 이들의 수고가 가치 있다는 확신과 더불어, 힘들어도 기쁘게 감당할 수 있는 지속 가능한 헌신의 동기를 부여할 수 있어야 한다. 이를 위해 목양리더와 행정리더를 위한 감사와 헌신을 표현하는 다양한 이벤트를 생각하는 것도 좋다.

더 나아가 청년사역자는 공동체의 플라이휠을 힘차게 돌리기 위해 어떤 변화가 필요한가를 예민하게 진찰해야 한다. 그리고 변화가 일어나려면 어떤 힘이 필요한지를 분별해야 한다. 이것이 위로부터 부어지는 힘이어야 하는가, 아니면 사람의 도움과 위로가 필요한 것인가? 이에 대한 적절한 처방이 이루어질 때 적재적소에 필요한 사역이 이루어진다. 필요 없는 사역이 의무적으로 계속 돌아가게 하지 말고 꼭 필요한 사역이 효율적으로 이루어지게 하라. 그러면 각 사역에 참여하는 청년들의 참여도가 높아진다.

＿＿＿ 꾸준히 양육하라

청년사역자가 공동체에 모이는 성도 수에 너무 민감하면 사람을 초청하는 이벤트에 골몰한 나머지 양육에 소홀하기 쉽다. 이벤트는 겉보기에 멋지고 화려하다. 곧바로 효과가 있는 것 같다. 이와 대조적으로 양육은 당장의 효과가 나타나지 않는다. 때로 오랜 시간을 투자해야 한다. 청년들의 삶과 함께 씨름해야 한다. 장기간의 양육을 위해서는 준비해야 할 내용도 많다. 그동안 훈련을 많이 받아 본 경험도 없다. 그러다 보니 청년사역자는 꾸준한 양육보다는 이벤트성 사역에 더 관심을 가지기 쉽다.

하지만 청년사역자는 긴 안목으로 꾸준히 양육하는 데 헌신해야 한다. 양육을 통하여 청년 리더가 준비되고, 공동체의 체질이 바뀔 때 지속적인 열매를 거두고, 지속가능한 사역이 이어진다. 청년사역자는 훈련 전문가여야 한다. 훈련의 경험이 많지 않은가? 그렇다면 지금부터라도 훈련의 기회를 찾아다녀라. 청년사역자를 훈련하는 전문적인 기관의 도움을 받아도 좋고, 훈련 교재들을 꾸준히 연구하고 검토하는 것도 방법이다.

과정이 복잡하고 많은 노력이 들다 보니 청년사역자가 흔히 선택하는 것이 외부 강사를 통한 양육이다. 그러나 외부 강사를 통한 양육은 절반의 성공만을 거두기 쉽다. 양육의 내용은 잘 알고 있을지 모르지만, 청년 공동체의 상황은 잘 모르기 때문이다. 이렇게 볼 때 양육에 충분히 준비되지 않은 청년사역자도 일단 절반은 준비된 것과 같다. 양육은 서툴러도 적어도 공동체의 상황은 잘 알기 때문이다. 공동체의 상황에 필요한 적절한 양육을 준비하면 상황과 내용이 합한 좋은 양육 과정이 갖추어진다.

대형 교회 청년부 디렉터로 있을 때 그동안 시행했던 공동체의 양육 과정들을 보니 대부분 외부 강사를 초빙하여 듣는 식이었다. 외부 강사의 특강 후에는 리더들이 모여 피드백을 하며 강의를 나름대로 평가하고 있었다. 이런 식으로는 강사를 선정하고 평가하는 안목은 높아져도 삶의 변화와 성숙은 어렵다고 생각했다. 그래서 그동안 해 왔던 모든 외부 양육을 중지했다. 그리고 선포했다. "그동안 우리는 외식을 너무 많이 했다. 집밥이 그립지 않은가? 이제부터는 집밥을 먹고 성장하자!" 그래서 모든 양육을 청년 디렉터인 필자가 기획하고 공동체에 적실한 양육 과정을 만들어 갔다.

청년사역자가 일관된 양육으로 공동체 내부의 체질을 변화시키는 작업을 3년 정도만 꾸준히 하면 공동체의 건강한 부흥을 위한 체질이 준비된다. 당장의 변화가 눈에 띄게 나타나지 않더라도 참고 기다려라. 중요한 것은 청년사역자가 청년들의 마음을 꿰뚫고 변화시키는 양육을 위해 몸부림쳐야 한다는 점이다. 예비 리더를 위한 양육, 리더들을 위한 정기적인 양육, 행정리더(임원) 를 위한 양육, 대학 새내기 1년 차를 위한 양육, 기초 교리와 성경에 대한 양육, 새가족 양육 등 청년 공동체에는 다양한 양육이 필요하다.

특별히 리더들을 배출하는 예비 리더 훈련과 현 리더들을 지속적으로 세워 가는 리더 훈련의 경우 가능한 청년사역자가 직접 맡아서 양육해야 한다. 오리 새끼가 처음 알에서 깨어나 보는 대상을 엄마로 여기듯, 청년들은 자신을 양육했던 청년사역자를 영적 부모로 알고 따른다. 영적인 자녀들이 많아야 공동체를 움직이는 동력을 얻을 수 있다.

청년들을 만나 이야기를 나누어 보면 어릴 때부터 교회에 다녔다고 하는 청년들조차 성경에 대해 모르는 경우가 의외로 많다. 이는 교회에 익숙하기는 하지만 체계적인 양육과 훈련이 부족했기 때문이다. 설교는 많이 들었어도 성경의 내용이 내면에 체계화된 틀로 자리잡지 못했다. 그렇기 때문에 이단에도 의외로 많이 미혹된다.

따라서 청년사역자는 공동체를 세우기 위해 청년들이 공동체에 들어올 때부터 믿음의 기초부터 다지고 공동체를 섬길 견실한 리더로 세워질 수 있도록 모든 단계의 양육 과정을 고민해야 한다. 청년 공동체의 양육 전체를 꼼꼼하게 준비하는 것은 한 교회의 장년 공동체 전체의 양육을 준비하는 것과 맞먹는다. 하지만 정말 가치 있는 일이다. 청년사역자의 내공을 크게 키워 준다. 불굴의 의지로 양육에 도전하라. 모름지기 청년사역자는 공동체의 다양한 양육의 필요를 적절하게 채우는 양육 전문가로 준비되어야 한다.

____ 10년은 지나야 설교가 보인다

청년사역자의 가장 큰 열망이자 스트레스는 바로 말씀을 준비하는 것이다. 청년들과 재미있게 어울리는 것은 좋지만, 매주 다가오는 청년 예배의 설교를 준비하는 것은 너무나도 힘들다. 또 매주 있는 양육을 준비하는 것도 고되다. 게다가 청년사역자가 장년부서의 설교를 함께 맡을 때, 청년사역자가 감당해야 할 설교의 짐은 꽤나 무겁다.

전에 한 교회에서 청년사역을 할 때 필자가 소화해야 할 설교와 양육 횟수가 꽤 많았다. 일단 매주 있는 청년 설교, 리더 양육, 예비 리더 양육, 금요성령집회 설교는 기본이었고, 토요일 오전에 2시간가량 진행되는 장년 성경공부, 한 달에 한 번 이상 찾아오는 저녁예배 설교, 게다가 청년부서에서 실시한 영어 성경공부, 이따금씩 찾아오는 1주간의 새벽기도회 설교까지 적어도 6-7회에서 많게는 12-13회의 설교와 양육이 있었다. 처음에는 익숙하지 않고 처음 해 보는 것들이라 꽤나 에너지가 많이 들어갔다. 그런데 이런 것들을 3년에 걸쳐 지속하다 보니 점점 내공이 생겼다.

청년사역자에게 부과되는 짐들이 많지만, 특히 설교와 양육은 익숙해질 때까지 지속적으로 말씀을 다루는 것에 힘을 쏟아야 한다. 성경 강해와 성경공부를 위해 권별로 좋은 주석과 신학서적들을 읽고 공부하기 바란다. 치열하고 꾸준하게 말씀과 씨름해야 내공이 쌓인다.

그렇다면 얼마나 지속해야 말씀의 내공이 쌓이고 설교에 조금씩 익숙해질까? 적어도 10년은 지나야 말씀 다루는 것에 조금씩 자신감이 붙는다. 청년사역자라면 적어도 10년을 두고 지속적으로 말씀을 파야 한다.

이를 위해 효과적인 것이 강해 설교다. 본문을 빠뜨리지 않고 하나하나 다루다 보면 점점 말씀 다루는 역량이 강화된다. 양육도 지속하다 보면 양육의 영역이 넓어지고 그 깊이가 더해진다. 청년사역자여, 힘들다고 피하지 말고 10년을 두고 진득하게 말씀을 파라.

_____ 격려하고, 인정하고, 칭찬하라

청년사역자는 젊다. 나이도 젊지만 마음은 더욱 젊다. 진취적이고 열정이 있지만, 젊음이 갖는 연약함도 있다. 다른 사람을 품는 넉넉함이 부족하다. 그래서 사역을 열정적으로 하지만, 함께 사역을 감당한 청년들이 인정받고 격려받지 못한 채 종종 상처받고 공동체 수면 아래 가라앉거나 숨기도 한다.

청년사역자는 담임목사와 청년들에게 인정받고 사랑받고 싶은 열망이 크다. 그러나 아직 미숙하여 주변 사람들을 칭찬하고 격려하고 사랑하는 데는 인색하다. 이전에 20대 후반의 교육전도사로 사역하는 젊은 신학생들에게 물어본 적이 있다. 지난 한 주 나는 몇 명에게 칭찬했고, 몇 명을 책망했는가? 놀라운 것은 대부분이 칭찬은 한 사람에게도 하지 않은 반면, 사역에 대한 책망과 실수를 지적하는 일은 꽤 열심히(?) 했다는 것이다. 반면, 나이가 든 신학생은 정반대였다. 실수나 잘못을 부각시키기 보다, 잘한 것은 인정해 주고 크게 칭찬해 주었다고 한다. 나는 어떤가? 지난 한 주 얼마나 많은 이들을 칭찬하고 격려해 주었는가? 반면 얼마나 많은 이들을 비판하고 책망했는가?

청년사역자는 청년들을 따뜻한 사랑의 시선으로 바라보아야 한다. 볼 때마다 그들을 인정하고 칭찬해 주어야 한다. 칭찬하는 청년사역자 주변에 충성하는 리더가 모인다. 전쟁에서 장수의 충성은 자신을 인정하는 주인에게 바치는 것이다. 청년들을 인정하고 칭찬해 보라. 이들은 청년사역자 주변에 모일 것이다. 그리고 자신을 인정해 주는 청년사역자 곁에서 자신을 아끼지 않고 모든 것을 내어 던지며 함께 하나님 나라의 역사를 이루어 갈 것이다.

그러나 의외로 많은 청년사역자들이 칭찬과 인정에 인색하다. 주변 사람을 따뜻한 시선으로 인정해 주지 않는다. 좀처럼 그의 입에서 칭찬이 나오지 않는다. 도리어 입만 열면 예리한 지적과 책망이 나온다. 만약 청년사역자가 주변의 청년 리더를 나가떨어지게 만들고 싶으면 지속적으로 비판과 책망을 쏟으면 된다. 그렇지 않다면 청년 리더들이 좀 부족해도 훈훈하게 격려해 보라. 부족한 것을 지적하는 것이 중요한 것이 아니라, 그 지체가 격려를 받아 부족함에도 불구하고 더욱 열심히 달려가도록 만드는 것이 중요하다.

'너 왜 이랬어?'라고 지적하는 것보다, '참 수고 많았네, 다음에는 무엇을 달리 해 볼 생각이야?'라고 묻는 것이 더 지혜롭지 않겠는가? 이런 질문에 청년들은 자신이 감당했던 사역들을 건설적인 관점에서 되돌아보며 공동체를 위해 헌신할 동기를 스스로 부여하게 된다. 할 수 있으면 구체적인 칭찬의 방법과 기술을 공부하고 연마하라.

___ 결코 혼자 사역할 수 없다

청년사역은 청년사역자의 원맨쇼가 아니다. 청년들이 사역하도록 만드는 것이 청년사역이다. 그래서 청년사역자는 기회만 되면 사람을 세워 일해야 한다. 마땅한 사람이 보이지 않는다고 청년사역자가 혼자 도맡아서 하다 보면 주변에 청년들이 뒤로 물러가 손에 팔짱을 끼고 있을 것이다. 굳이 내가 일할 필요가 없다고 생각하는 것이다. 이러다 보면 청년사역자는 쉽게 탈진한다.

이런 면에서 청년사역자는 엄살을 좀 부려야 한다. '내 힘으로 할 수 없다', '네가 꼭 필요하다', '도와 달라', '함께 양육을 받자', '네가 함께 사역하면 나는 너무 든든하겠다', '힘이 되어 달라' 등의 말을 통해 계속해서 청년들을 초청하여 사람들을 세워 가야 한다. 청년들이 잘 세워지고 아름답게 자라게 하려면 어떻게 해야 할까? 세심하게 관찰하고 풍성하게 칭찬해 주고 격려해 주며 동기를 부여하면 된다. 잘못한 것에 대한 피드백은 극히 조심하라. 하다 보면 어느 순간 그만 내려놓겠다고 하고 사라질 수 있다. 부정적인 피드백을 주고 싶으면 질문을 하는 편이 낫다. '다음에 다시 해 본다면 무엇을 다르게 해 보고 싶어?' 그러면 스스로 답을 찾아간다.

청년들이 든든히 세워지면 청년사역자는 청년들의 자발적인 사역을 지휘하며 하나님 나라의 아름다운 심포니를 연주하게 된다. 지금 내 주변에는 얼마나 많은 청년들이 함께 하는가?

___ 어떤 순간에도 설렘을 잃지 말라

청년사역자에게는 하나님 나라의 설렘이 있어야 한다. 그리고 하나님이 청년 공동체에 이루실 아름다운 일들에 대한 설렘을 청년들에게 매력적으로 전해야 한다. 청년들이 청년사역자와 이 일을 함께 할 때 이들에게는 '아, 나도 이런 일을 함께 하면 좋겠다'는 설렘이 일어난다.

얼마 전 서울의 한 교회 청년사역자에게 리더 연합수련회 강의를 초대받았다. 중형 청년부의 여러 교회가 연합으로 리더 수련회를 개최한다는 것이 쉽지 않은 일이다. 어떻게 가능했을까? 이는 연합하는 청년사역자들 중 여러 사역자들이 청년사역을 나와 함께 경험했기 때문이다.

예전에 사역하던 어느 청년 공동체에서는 필자가 사역하는 기간 동안 이 설렘을 맛보고 사역자로 헌신한 이들이 10여 명 정도 된다. 행정리더(임원)로 가까이 함께 사역하며 사역의 길로 들어선 이들만 다섯이다. 이들에게 가끔씩 어떻게 결정하게 되었냐고 물어보면, 청년사역 때 맛본 사역의 매력과 감격이 큰 영향을 주었다고 답한다.

이들이 신학교를 졸업하고 그리 멀지 않은 교회들에 부임하여 청년부를 맡아 사역하고 있다가 서로 의기투합하여 필자를 청년 리더 수련회 강사로 초대한 것이다. 큰 감격과 감사함이 있었다. 청년사역을 설렘으로 감당하는 제자들이 목양하던 청년들에게 좋은 리더로 섬기도록 훈련의 기회를 갖는다는 것은 정말 가슴 뛰는 특권이었다.

청년사역을 생각하면 설레고 흥분되는가? 평생 후회 없이 하고 싶은 사역이고, 이 길을 정말 잘 왔다는 생각이 드는가? 설렘을 구하라. 그렇다면 자신도 모르는 하나님 나라의 설렘이 주변에 매력적으로 퍼져나갈 것이다.

___ 계속해서 발전하라

'상황 대응 리더십'을 아는가? 이는 리더십 전문가 켄 블렌차드가 제시한 개념으로, 리더십은 일관되게 행사되는 것이 아니라 구성원이 처한 상황과 상태에 따라 각각 다른 방식으로 행사해야 한다는 것이다.[49] 상황에 따라 적절하게 대응하려면 리더의 부지런함과 자기 발전이 요구된다. 이러한 개념은 청년사역에 고스란히 적응된다.

첫째, 청년들이 처한 상황이 급변하고 있다. 이전까지 당연하게 여겼던 직장과 결혼관에 커다란 변화가 있고, 자존감의 문제로 고생하는 이들도 많다. 이들이 복음 안에서 변화되고 새로운 소망을 붙들고 견실하게 서 나가는 데까지는 많은 고민과 씨름이 필요하다.

둘째, 청년 인구가 급변하고, 대학이 줄어들면서, 청년사역의 환경이 열악해지고 있다. 이런 환경 가운데서 청년사역자는 끊임없는 돌파구를 모색해야 한다.

셋째, 청년사역을 뒷받침하는 한국교회가 주춤하고 있다. 장년층이 주춤하면 청년사역을 뒷받침할 수 있는 여력도 줄어든다.

넷째, 청년들도 점차 신앙에 무관심하고 세속적으로 변해 가고 있다.

이러한 다양한 상황 가운데 청년사역자는 어떻게 대처할 것인가? 방법은 중요한 것부터 차근차근 풀어 나가는 것이다. 이러한 상황을 파악하고 대처하는 것은 쉬운 일이 아니다. 여기에는 청년사역자의 부단한 노력과 발전이 있어야 한다.

앞으로 청년사역의 환경은 지금보다 더욱 좋지 않게 바뀔 가능성이 크다. 그럼에도 청년사역자는 계속해서 발전해야 한다. 필요하면 새로운 사역을 개척하고 일으켜야 한다. 그러려면 그만큼 많은 준비와 공부와 용기가 필요하다.

일반 기업들은 다가오는 미래에 혁신 없이는 살아남기 어렵다고 이구동성으로 말한다. 그들이 그토록 혁신을 부르짖는 이유다. 청년사역도 이와 유사하다. 청년사역은 안주해서는 안 된다. 청년사역자는 다가오는 커다란 변화의 환경 가운데 변하지 않는 하나님 나라의 가치를 청년들의 가슴에 심어야 한다. 그렇기에 청년사역자는 변하는 상황과 변하지 않는 복음을 더욱 깊이 공부하여 양쪽에 다리를 부단히 놓을 수 있어야 한다.

변화하는 상황에서 변하지 않는 복음을 심는 것은 만만하지 않은 도전이다. 그러나 해 볼 만한, 정말 가치 있는 일이다. 주님이 이 일에 우리를 부르셨다. 행복한 설렘으로 뛰어들어 보지 않겠는가?

★ ★ ★ ★ ★ ★ ★ ★ ★ ★ ★ ★ ★ ★ ★ ★

청년사역자에게는
하나님 나라의 설렘이 있어야 한다.
그리고 하나님이 청년 공동체에 이루실
아름다운 일들에 대한 설렘을
청년들에게 매력적으로 전해야 한다.

★ ★ ★ ★ ★ ★ ★ ★ ★ ★ ★ ★ ★ ★ ★ ★

주 ____ ★

1   남윤서, "2020년엔 수험생보다 대학 입학 정원이 많아…연합은 생존 필수 조건" 중앙일보, 2018. 3. 5.

2   김효혜, "2020년 4년제大 60곳 학생 1명도 못 받아…교육이 뿌리째 흔들" 매일경제, 2018. 6. 18.

3   신성식 외, "올 신생아 32만 명 예상…세계 유일 '출산율 1명 미만' 쇼크" 중앙일보, 2018. 7. 6.

4   이봉현, "어느 인구학자의 선택 '내 아이는 과외 끊었다'" 한겨레, 2017. 6. 19.

5   최성진 외, "'한국인 반감기' 100년 뒤 2600만 명뿐…빨라진 '인구 감소 시계'" 한겨레, 2018. 8. 28.

6   김창우, 유주현, "[SPECIAL REPORT] 2000년 전후 출생 Z세대-VIB로 자란 밀레니엄 키드…집중 시간 8초, 이미지에 익숙" 중앙SUNDAY, 2019. 2. 2. 이후의 내용은 이 글을 참조하였다.

7   이에 관한 유용한 자료로 다음을 참조하라. 돈 탭스콧, 이진원 역, 《디지털 네이티브》(서울: 비즈니스북스, 2009).

8   김창우, 유주현의 글에서 재인용.

9   김난도, 《트렌드 코리아 2018》(서울: 미래의창, 2017), 313-334.

10 황비웅, "청년 체감실업률 24%…노동시장 구조적 문제 탓, 질 좋은 中企일자리 발굴…대기업 진입 장벽 낮춰야" 서울신문, 2018. 4. 11.

11 박종언, "청년들 교회 떠나는 이유, '진로·취업 문제'" 한국성결신문, 2015. 5. 6.

12 위의 기사.

13 백세희, 《죽고 싶지만 떡볶이는 먹고 싶어》(서울: 흔, 2018).

14 이대웅, "비종교인들 선호 종교, 불교-천주교-기독교 순" 기독일보, 2015. 1. 28.

15 학원복음화협의회, 《청년 트렌드 리포트》(서울: IVP, 2017), 41.

16 김동섭, "60대 이상 유권자 154만 명 늘고, 2030은 60만 명 줄어" 조선일보, 2016. 2. 17.

17 한상혁, "개신교 인구, 처음으로 불교 인구 넘어서" 조선일보, 2016. 12. 19.

18 장열, "서울, 대형 교회 출석교인 세계 최다" 미주중앙일보, 2015. 8. 1.; Warren Bird, "Megachurches – World's Largest Churces" 2015, leadnet.org/org.

19 Warren Bird, "Korea: Why So Many Megachurches?" *Outreach Magazine*, June 18, 2015.; outreachmagazine.com.

20 구자창, "청년부 30명이 5년 만에 250명으로…'라면 끓이는 교육목사' 일냈다" 국민일보, 2018. 1. 5.; 김형준, "청년부 30명에서 250명까지 성장하다…원주제일교회 권용주 목사 '신뢰와 관계성 회복으로 시작'" 감리교평신도신문, 2017. 12. 14.

21 위의 기사.

22 위프의 작동 원리에 대해서는 양형주,《키워드로 풀어가는 청년사역》(서울: 홍성사, 2005), 19-145쪽을 참조하라.

23 김아영, "3시간 30분 동안 뜨겁게 예배드립니다" 국민일보, 2018. 11. 27.

24 예배 기획과 순서에 대한 구체적인 고민은 양형주,《키워드로 풀어가는 청년사역》을 참조하라.

25 학원복음화협의회, 앞의 책, 66.

26 이에 대한 구체적인 자료는 양형주,《바이블 백신 1, 2》(서울: 홍성사, 2019)을 참조하라.

27 최윤식 외,《2020-2040 한국교회 미래지도 2》(서울: 생명의말씀사, 2015), 134-137.

28 에이미 추아, 이순희 역,《제국의 미래》(서울: 비아북, 2008).

29 이 부의 핵심적인 내용은 양형주, "청년사역의 성장 엔진을 점검하라!"〈월간목회〉, 2016. 3.에 이미 밝힌 바 있으며, 여기서는 이 내용을 수정, 증보했다.

30 양형주, "청년 목회를 말하다" 기독교교육, 2015. 5.

31 코칭에 대한 전반적인 뼈대는 다음을 참조하라. 게리 콜린스, 양형주, 이규창 역,《게리 콜린스의 코칭 바이블》(서울: IVP, 2014).

32 각 임원의 구체적인 역할에 대해서는 양형주,《청년리더사역 핵심파일》(서울: 홍성사, 2006), 1부 3단원 "청년 리더의 구분과 기능", 28-34쪽을 참조하라.

33 기업 조직의 플라이휠의 작동 원리에 대해서는 짐 콜린스,《좋은 기업을 넘어…위대한 기업으로》(서울: 김영사, 2002)의 탁월한 설명을 참조하라.

34 고직한,《청년사역, 맨땅에 헤딩하지 말자!》(서울: 홍성사, 2003), 13. 여기서 제시하는 다이어그램은 Young2080의 하우스다이어그램을 약간 변형한 것임을 밝혀둔다.

35 양형주,《키워드로 풀어가는 청년사역》, 151.

36 팀 켈러, 채경락 역,《팀 켈러의 설교》(서울: 두란노, 2016).

37 이 내용은 후에 다음의 책으로 정리되었다. 양형주,《내 인생에 비전이 보인다》(서울: 홍성사, 2007).

38 이 내용은 다음의 글을 일부 수정, 보완, 인용한 것이다. 양형주, "변방으로 사라지는 30대를 잡아라"〈프리칭〉, 2006. 10.

39 정재영,《한국교회의 미래 10년》(서울: SFC, 2019), 30.

40 김아영, "사도 바울도 싱글인데…배려 없는 교회, 불편해요" 국민일보, 2019. 5. 18.

41 Ichak Adizes, *Managing Corprate Lifecycles: how to get to and stay at the top*, Santa Barbara: Adizes Institute, 2004. Print.

42 Ichak Adizes, "Organizational Passages – Diagnosing and Treating Lifecycle Problems of Organizatons." *Organizational Dynamics*, Vol. 8, no. 1, 1979, 7.

43 이동인, "'잠자던 공룡' MS 깨운 사티아 나델라 CEO, 모바일 버리고 크라우드 택한 게 신의 한 수" 매일경제, 2019. 1. 7.

44 기업을 다시 살리는 과정에 대해서는 사티아 나델라,《히트 리프레시》(서울: 흐름출판, 2018)를 참조하라.

45 김준술 외, "잡스는 해군 아닌 해적 되길 원했다" 중앙일보, 2011. 5. 7.

46 신동흔, "잡스와 정반대라서 애플의 후계자 된 남자" 조선일보, 2019. 5. 25.

47 Gary McIntosh, *Taking Your Church to the Next Level: What Got You Here Won't Get You There*, Grand Rapids: Baker, 2009. Kindle.

48 교회 생애주기 이론을 한 지역 교회에 접목한 탁월한 논문으로 다음의 글을 참조하라. Jung Jun Kim, *Revive Us Again: Intergenerational Ministry As A Strategy For The Revitalization Of Bongshin Church In Seoul, Korea*, D. Min dissertation, Asbury Theological Seminary, 2017.

49 켄 블랜차드 외, 조천제 외 역,《켄 블랜차드의 상황대응 리더십 II 바이블》(서울: 21세기북스, 2007), 140-161.